メイクでもっときれいになれる最新美容大全

似合わせ力を磨く100のレッスン

メイク＆カラー
コンサルタント
あやんぬ

はじめに

みなさんこんにちは。メイク&カラーコンサルタントのあやんぬと申します。
この本を手に取ってくださりありがとうございます。
早速質問をさせてください。
みなさんは色を選ぶとき楽しく選んでいますか？
お家を出る前にチェックするとき、ウキウキして鏡の前に立っていますか？

私は日々メイクとパーソナルカラーをメインとしたレッスンを行い、美容ブログや記事を書く仕事をしています。多くの人と接する中で感じるのは、「コーデやメイクの色を合わせるのが難しい……」と悩んでいる人が多いということ。似合う色は、パーソナルカラーを知ればわかります。でも、みなさんが難しいと感じる理由って、心の中にある自分の「好き」とのバランスの取り方なのではないかと思います。「好き」と「似合う」の掛け算が難しいのではないでしょうか？

世の中には、パーソナルカラー診断や顔型を知る診断・骨格のタイプを知る診断など自分のことを客観視できる診断があり、自分に「似合うもの」を知ることができるようになりました。しかし一方で、「似合うもの」を知ると、色選びを純粋に楽しめなくなる……という声もよく聞きます。

パーソナルカラーや顔型・骨格診断などは、自分のベース（基本）を知るツール。勉強でも習い事でも同じですが、基本を身につけているからこそ自分らしさを上にのせることができます。パーソナルカラーの基本については、私が1冊目に出した本『顔型とカラー診断で、自分が一番きれいに見えるメイクがわかる本』で詳しくお伝えしているので、ぜひご覧くださいね。私自身もパーソナルカラーや顔型・骨格などを学び、自分自身を深く知ることができました。自分軸（ベース）があることで、楽しく色を扱えています。

私の1冊目の本が基本編なら、本書は「好き」×「似合う」の掛け算をお伝えする応用編です。「似合う」が「調和」（印象がよく見える・肌がきれいに見える）なら、その逆である「似合わない」は「そのまま使うのが難しい」（肌の色ムラなどが目立つ）だと考えてください。

この「似合う」は診断でわかるのですが、「似合う」以外は「使うとだめ」

なのでしょうか？　答えはＮＯ。それは「工夫が必要」なだけです。自分の得意な要素を理解して組み合わせれば「似合わせる」ことはできます。

パーソナルカラー診断を行うとつい似合う色に注目してしまいますが、実は「工夫が必要な色」をどう似合わせていくかを理解することで、もっと色を楽しむことができるんです。

自分の「似合う」を知り、そこに自分の〝好き〟や〝なりたいイメージ〟といった想いを重ねます。メイクにもファッションにも正解はありません。「メイクって楽しい！　きれいになる時間って幸せ！」って思えたら、素敵な毎日を過ごせると私は思っているので、ぜひ心のトキメキの声はこぼさず拾ってほしいです。

私はこれからも「似合う」の提案をしていきたいですし、似合うのその先を提案するところまで伝えていけたらいいなと思っています。

この本を最後まで読んだあと、似合う色だけではなく、好きな色も工夫しだいで楽しむことができるんだ、と実感してもらえたらうれしいです。

みなさんが冒頭の質問に「もちろん！」と答えられるような毎日になるように応援しています！

本書の特徴と使い方

本書は、なりたいイメージに近づくための
「似合わせテクニック」を詰め込みました。
専門的すぎないよう、簡単にしたオリジナルの部分もあります。

第1章 自分のパーソナルカラーや顔型が、どんな印象を与えるか？

ここで基本的な自分のタイプを理解してから、
第２章以降を読んでみてください。

第2章 パーソナルカラー別の似合わせテクニック

自分の得意な色は何か、得意な色以外をどう似合わせるかについて。使いにくいと思っている色を上手に使う方法を、具体的に紹介します。ファッションとのトータルコーディネートや、即おしゃれ見えするアイカラーの配色も。

第3章 顔型・パーツのバランス別、似合わせテクニック

こども顔・大人顔や、パーツのバランスなどによって、より魅力を引き立てるメイクの方法を解説。基本の眉の描き方などもあります。

第4章 あやんぬ流スキンケア＆ベースメイク

土台をしっかり整えるポイントのまとめです。

Contents

よくある悩みにまとめてお答えします！ Q&A

第1章

Ayannu

自分のパーソナルカラーや顔型が、どんな印象を与えるか？

この章では、セルフチェックシートで
簡単に自分のタイプを診断できます。
色や顔型から、自分のもつ魅力を客観的に分析。
知らなかった意外な魅力にも出会えるはずです！

パーソナルカラー診断って？

あなたの基本を知って、どんどんおしゃれを楽しんで！

似合う色を知ることが、好きな色を楽しむ第一歩

ひとりひとりの肌や髪・目の色などから、似合う色を導き出すのがパーソナルカラー診断です。すべての色を❶色相《しきそう》（イエローベースまたはブルーベース）に分け、さらに❷明度《めいど》（色の明るさ）、❸彩度《さいど》（色の強さ）、❹清濁《せいだく》（澄んでいるか濁っているか）を見極めて診断します。

まずは、P14～15のチェックシートでセルフチェックを行って自分のタイプを見つけましょう。巻末のカラーシートも活用してみてくださいね。

（これは、簡単に傾向をつかむ診断です。どうしても主観が入るので、自分の

パーソナルカラーをちゃんと知りたい方は、専門家に診断してもらうことをおすすめします）

パーソナルカラーで大切な要素

診断する際のポイント

1 自然光か昼白色の照明の下で行うと、光の色の影響を受けにくく診断しやすい

2 ノーメイクで素肌の色を見ながら行う

3 白い服を着て、服の色が診断に影響しないようにする

4 巻末のカラーシートをあてる際は、顔全体か上半身まで入る大きめの鏡の前でチェック

パーソナルカラーCheckリスト

パーソナルカラーセルフチェック

Q1 肌の色は？

- □ 1 ほんのりとしたベージュ系。血色のよいツヤ肌
- □ 2 ピンクベージュ系。ふんわりしたセミマット肌
- □ 3 黄みを感じるベージュ系。マット肌
- □ 4 ピンクベージュ、ピンクオークル系。ツヤ肌

Q2 瞳の色は？

- □ 1 明るいブラウン。白目と黒目の境目がはっきりしていてクリア
- □ 2 ソフトブラック〜レッドブラウン。白目と黒目の境目がソフトで優しい
- □ 3 ダークブラウン〜ブラック。黒目と白目の境目はソフトで白目がやや黄みがかっている
- □ 4 ダークブラウン〜濃いブラック。白目と黒目の境目がはっきりしていてクリア

Q3 髪の色は？

- □ 1 ミディアムブラウン
- □ 2 ソフトブラック、またはレッドブラウン
- □ 3 ダークブラウン〜ブラック
- □ 4 ブラック

Q4 頬の色は？

- □ 1 血色のあるコーラル系
- □ 2 ローズ系
- □ 3 オレンジ系、または血色をあまり感じない
- □ 4 ローズ系、または血色をあまり感じない

Q5 唇の色は？

- □ 1 コーラル系
- □ 2 ローズピンク系
- □ 3 オレンジ系
- □ 4 ローズ、または赤紫系

Q6 肌に馴染むリップ＆チークは？

- □ 1 コーラルピンク
- □ 2 ローズピンク
- □ 3 サーモンピンク
- □ 4 真紅

Answer

1 が多かった人…… **スプリングタイプ**
2 が多かった人…… **サマータイプ**
3 が多かった人…… **オータムタイプ**
4 が多かった人…… **ウィンタータイプ**

＼もっと簡単に／

巻末のカラーシートでセルフチェック

こちらは巻末に付いているカラーシート（４色）を、顔の真下（真横）にあて、
鏡を見ながら診断する簡単な方法です。
どのカラーで最も肌がきれいに見えるかをチェックしてください。

STEP1 イエローベース・ブルーベースチェック

A　スプリング＆オータムカラーをあてると血色感が出て肌がきれいに見える ▶▶ **イエローベース** スプリング＆オータムカラーと相性◎

NG　肌が黄ばむ・クマやくすみなどの色ムラが目立つ

B　サマー＆ウィンターカラーをあてると透明感が出て肌がきれいに見える ▶▶ **ブルーベース** サマー＆ウィンターカラーと相性◎

NG　肌が白くぼんやりとする・青ざめて見える

STEP2 似合うカラータイプをチェック　２色のうち、どちらがより似合うかを見ます

STEP1でイエローベースだった人（スプリング＆オータム）

- オータムをあてると、顔全体が暗くなり、嫌な影（クマやほうれい線）ができて老けて見えてしまう ▶▶ スプリングタイプ
- スプリングをあてると、顔がのっぺりと平面的でぼんやりと物足りなさを感じる ▶▶ オータムタイプ

STEP1でブルーベースだった人（サマー＆ウィンター）

- ウィンターをあてると、顔が色に負け、青白く不健康そうに見える ▶▶ サマータイプ
- サマーをあてると、顔がぼんやりとして何か物足りなさを感じる ▶▶ ウィンタータイプ

自分のパーソナルカラーはわかりましたか？
次のページからは、この診断結果をさらに深めて分析、説明していきます！

詳細は次のページでチェック！

パーソナルカラー診断結果

診断から導き出した結果をもとに、4つのシーズンに分けています。

明るい

SPRING

黄みが得意・明るい・鮮やか・ツヤ

SUMMER

青みが得意・明るい・穏やか・セミマット

イエローベース

ブルーベース

AUTUMN

黄みが得意・濃い・穏やか・マット

WINTER

青みが得意・濃い・鮮やか・ツヤ

濃い（深い）

SPRING スプリングタイプ

みずみずしいツヤ肌。
クリアなコーラルピンク、コーラルレッド系の
カラーを使うと血色感を出せる。
肌・髪・目が比較的明るく、目や髪にほんのり黄みを感じる。

SUMMER サマータイプ

すりガラスのような印象のふわっとマシュマロ肌（セミマット）。
やわらかなローズピンク系のカラーを使うと透明感を出せる。
肌・髪・目が比較的明るく、目はソフトな黒、または赤茶系。
白目と黒目のコントラストがソフト。

AUTUMN オータムタイプ

さらりとした絹のような印象の肌（マット）。
濃く深いカラーを使うと顔に立体感が出て引き締まる。
髪・目が茶や黒で、比較的色が濃い。
白目は黄みがかっている。
黄みの強いテラコッタやオレンジが似合い、大粒のラメを使うと華やかになる。

WINTER ウィンタータイプ

透明感のあるツヤ肌。
はっきりとした濃い赤や青、鮮やかな色が似合う。
髪・目が茶や黒で、比較的色が濃い。
白目と黒目のコントラストもはっきりしている。

色彩心理学や色の関係性などを知り 自分のなりたいイメージを叶えよう

メイクやファッションを考えるときに、似合う色という視点以外にも選ぶ方法があります。本編でもたびたび登場する色の知識を紹介します。

色彩心理学による色のイメージ

色にはその色と結びつくイメージや意味があり、私たちの心や行動に大きな影響を与えています。

赤：気分を高めたいとき・気合を入れたいとき

人を引きつけるにはもってこいのカラー。影響力を身につけたいときにも。

黄：若々しさ・カジュアルさを演出

明るく目立つ色で好奇心を刺激。ワクワクさせてくれる色。

青：清潔感と落ち着きを表現できるカラー

涼しさを感じさせ、誠実さをアピールできる色。集中力を高めたいときも。

緑：若々しさ・フレッシュさを感じさせる

癒やし・安全・調和を表現。リフレッシュしたいときにも適している。

黒：高級感や強さを表現するカラー

フォーマル度が高くシック。落ち着きがあり、自信を与えてくれる。

グレー：穏やかでおしゃれに見えるカラー

主張が弱く目立ちにくい。他の色と調和するフラットな色。

顔の形・パーツの配置・大きさで顔型を知ろう

顔の形やパーツの配置・大きさを分析すると、どんな印象をもたれやすいか・どんな魅力があるのかを知ることができます。「こどもっぽく見える」「大人っぽく見える」といった印象を決めるポイントは大きく2つあり、顔の形とパーツのバランスです。顔が縦に長いと大人の要素が強くなり、横に長いとこどもの要素が強くなります。また、パーツの位置が求心寄りか遠心寄りかでも印象が変わります。

さらに、曲線が多いか直線が多いかでも印象は変化します。本書では「たぬき系・きつね系」と表現していますが、丸みが多くあどけなく可愛い印象がたぬき系。直線が多くキリッと大人びた美人な印象がきつね系です。

次のページのセルフチェックで、自分の顔型を診断してみてください。

顔型診断 Check リスト

横長 or 縦長 チェック!

Q1 顔の形は?

丸顔or横幅が目立つベース顔 ▶▶ 横長タイプ

面長or縦幅が目立つベース顔 ▶▶ 縦長タイプ

Q2 顔のバランスは?

額が広めor顔のパーツが下重心 ▶▶ 横長タイプ

頬が長いorあごが長いor顔のパーツが上重心 ▶▶ 縦長タイプ

★迷ったら……

丸顔が悩み ▶▶ 「横長」タイプをチェック

面長が悩み ▶▶ 「縦長」タイプをチェック

★多くあてはまったほうがあなたのパーツ印象です。
★チェックで差がない場合は、最も印象が強い部分でチェックしてみてくださいね。

次は遠心or求心をチェック!

顔型診断Checkリスト

☑遠心 or 求心チェック！

Q1 目と目の間は目の幅1つ分以上離れているか

離れている ▶▶ 遠心

離れていない ▶▶ 求心

Q2 鼻の印象は？

鼻は低めで鼻根も低い（鼻筋をあまり感じない） ▶▶ 遠心

鼻は高めで鼻根も高い（鼻筋がしっかりとある） ▶▶ 求心

Q3 目の大きさは？

小さめ（目の印象がそこまで強くない） ▶▶ 遠心

大きめ（目の印象が顔のパーツの中でも強い） ▶▶ 求心

★迷ったら……

離れ目が悩み ▶▶ 「遠心」タイプをチェック

派手顔が悩み ▶▶ 「求心」タイプをチェック

顔型×パーツの配置・タイプ診断結果

顔の形やパーツなどの印象から、こども顔と大人顔に分けて理解を深めましょう。

どちらなのか迷った項目は、より強い特徴が出ている方を選んでください。

横長

こども顔

（イラストは典型的なこども顔の遠心タイプ）

パーツが小さめ・横長・丸顔・
おでこが広い・あごが短い・平面的など。

求心タイプの「こども顔」
の人もいます。

求心　　遠心

大人顔

（イラストは典型的な大人顔の求心タイプ）

パーツが大きめ・華やか・面長・
おでこが狭い・あごが長い・立体的など。

遠心タイプの「大人顔」の
人もいます。

縦長

いざ実践！ 診断結果をもとに似合わせ力を磨くレッスンスタート

自分の傾向はつかめたでしょうか。「私はこれだ！」とぴったりくる人もいれば、複数の要素が混ざっている人もいると思います。複数にあてはまる場合は、より強い特徴が出ている方が自分のタイプだと思ってくださいね。

見た目の印象は、相手の心に強く残ります。パーソナルカラー診断や顔型診断をとおして自己分析を行い、どんなものが自分に似合うのかを知ることは大切です。そのうえで、自分の好きな色を選んだり、なりたい自分をイメージして、メイクやファッションに役立ててください。

本書では、得意ではない色をどう取り入れるかというポイントをたくさん紹介しています。「パーソナルカラー以外は似合わないよね……」と避けるのではなく、苦手な色を似合わせるポイントを押さえて、使いたい色を我慢せずに楽しんでみてくださいね。

あやんぬからのメッセージ

message

from ayannu

メイクで自己肯定感をUP♡

自己肯定感って自分を認めてあげる力・自分を信じる力・自分を大切に思う力のことだと思っています。その自己肯定感が高いか低いかは育った環境という外部要因が大きくかかわっていますよね。私も学生時代はとっても自己肯定感が低く、他人の評価ばかりを気にする日々でした。でも失恋をきっかけに、自分が何をしたかったのか、どうしたいのかをノートに綴るようになり、自己分析をしました。そして、メイクとの出会いもあり、自分が変わっていくのを感じました。

自分を肯定する力は「日々の自己満足の積み重ね」だということが今なら明確にわかります。自分がしたいこと、やりたいこと、幸せだなと思えることをどれくらい積み重ねて経験していけるかが鍵。心理学的にメイクはするだけで自己肯定感が増し、自分に自信がもてて社交的になれるそうです。自分のために心躍るメイクをし、魅力的に見せていく。その繰り返しが自分を輝かせるためのコツではないでしょうか。

第2章

Ayannu

パーソナルカラー別の似合わせテクニック

自分の得意な色を知り、得意な色以外を
どう似合わせるかを解説。
メイクとファッションのトータルコーディネートや、
おしゃれに見えるアイカラー配色、色彩心理学なども紹介。

苦手カラーを似合わせよう！

使ってはいけない色なんてありません。コツを知れば自由に楽しめますよ！

Lesson 1

苦手だと感じる色、こうすればメイクに使えます

「自分のパーソナルカラーではない色をメイクに取り入れる方法」。これは私がこの本でお伝えしたい最大のテーマなのですが、実はとてもシンプルな３つのルールで解決できるんです。

１つめのルールは、使う面積を狭くすること。基本的には、目元に使うのがおすすめです。マスカラやアイフイナーなどで苦手な色を取り入れてみてくださ い。目尻だけに部分使いしてみたり、アイラインに入れてみたりと、全体使

いをしないことで、ほどよいアクセントに。アイシャドウで取り入れる場合は、苦手な色を締め色として使い、アイホールには似合う色をもってくると◎。

2つめのルールは、薄くのせることです。薄付きにすることで苦手な色でも色そのものがはっきりと主張せず、自分の素肌がうっすらと見えるため色が肌に溶け込んで、馴染みやすくなります。毛足の長いブラシでふんわりとのせてみてください。

3つめのルールは、自分のタイプに似合う〝色の傾向〟を知り、その傾向をもつものを選ぶことです。例えば、自分は「明るい色」が得意だと思ったら、他のパーソナルカラーの色の中で「明るい色」を選ぶということです。

Lesson 2

スプリングタイプが苦手カラーを似合わせるコツ

若々しい・明るいだけじゃない印象に

スプリングタイプは、みずみずしさのあるツヤ肌がポイント。肌や髪・目が比較的明るく、黄みがかった色で肌がきれいに見えるのも特徴です。クリアなコーラルピンクやコーラルレッド系のカラーを使うと血色感が出ます。

SPRING

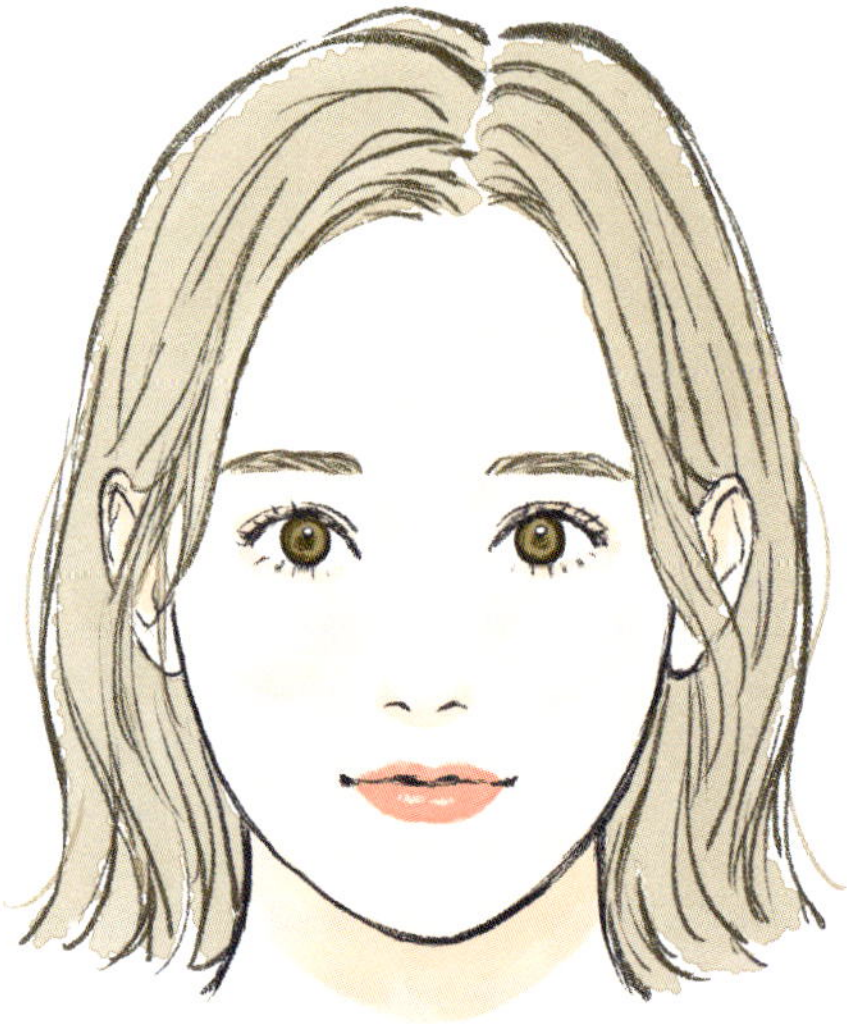

おさらい スプリングタイプの得意なカラーテイスト

黄み・明るい・鮮やか・澄んだ色

＊似合わせる裏ワザ：ゴールドパールを味方に

スプリングタイプにサマータイプのカラーを似合わせるには？

スプリングタイプとサマータイプの、似合う色の共通点は「明るさ」。ぱっと見た瞬間明るさを感じる色を選ぶよう気を付けるとうまくいきます。アイメイクなどは、チップを使ったり、重ねすぎたりすると濃くなっていきがちなので、ふわっと優しくのせて明るさをキープするのがポイントです。

スプリングタイプにオータムタイプのカラーを似合わせるには？

スプリングタイプとオータムタイプの共通点は「黄み」。オータムタイプは落ち着きのある濃いスモーキーな色が得意ですが、スプリングタイプにはそれがくすんでしまったり重たい印象となってしまったりすることも。そこで、黄みを感じる色を選びながら、くすみカラーは避け、リップは濃淡の調整がしやすい澄んだアイテムを薄くのせてみてください。もしくは、グロスタイプで軽さを出したりするのも◎です。

スプリングタイプにウィンタータイプのカラーを似合わせるには？

スプリングタイプとウィンタータイプの共通点は、「鮮やかな色・澄んだ色」が得意だということ。そのため、それらの要素がある色を選ぶと◎。スプリングタイプらしく鮮やかさやツヤを意識しましょう。リップもクリアレッドなどの透明度の高いグロスにしてツヤを足したり、鮮やかなものを選んだりするとしっくり馴染みやすくなります。

スプリングタイプにも似合う サマータイプの色

ブラシで2色を混ぜて頬へ。青みが強くなくツヤが出てスプリングタイプにも◎です。SUQQU ピュア カラー ブラッシュ 06春菫 ￥6050／SUQQU

スプリングタイプにも似合う オータムタイプの色

細かいゴールドパール入りで、スプリングタイプにも使いやすい色み。つけ心地もなめらかです。B.A カラーズ アイパウダー 3 ￥5500／ポーラ

スプリングタイプにも似合う ウインタータイプの色

シアーカラーだから、スプリングタイプの唇に溶け込みます。ボビイ ブラウン エクストラ リップ ティント 04 ￥4620／ボビイ ブラウン

Lesson 3

サマータイプが苦手カラーを似合わせるコツ
優しく上品なだけじゃない印象に

サマータイプは、すりガラスのような、ふわりとしたマシュマロ肌の人が多く、やわらかなローズピンク系のカラーを使うと透明感が出ます。肌や髪・目が比較的明るく、目はソフトな黒 or 赤茶色。白目と黒目のコントラストがソフトなのも特徴です。

SUMMER

おさらい　サマータイプの得意なカラーテイスト

青み・明るい・穏やか・スモーキー

＊似合わせる裏ワザ：シルバーパール、ピンクパール入りでパールが小さめのものを選ぶと◎

サマータイプに
スプリングタイプのカラーを似合わせるには？

サマータイプとスプリングタイプの共通点は「明るさ」。スプリングタイプに似合うカラーの中の黄みが少なく明るい色ならうまく取り入れることができます。ただし黄みが強い色や、鮮やかな色は、サマータイプには浮いてしまうこともあるので気を付けてくださいね。

サマータイプに
オータムタイプのカラーを似合わせるには？

サマータイプとオータムタイプの共通点は「穏やかさ・くすみ」。パキッとした色ではなくやわらかなスモーキーカラーが似合うということです。優しい印象の色ですね。そのため、オータムタイプに似合う色の中から、黄みが強い色を避け、やわらかで明るめの色を選んで、濃くのせないように仕上げると◎。

サマータイプにウィンタータイプのカラーを似合わせるには？

サマータイプとウィンタータイプの共通点は「青み」。**青みがかった色をチョイスすれば、基本的には似合い**ます。注意する点は、サマータイプはウィンタータイプよりも濃い色や鮮やかな色が苦手なのでふんわりのせないと悪目立ちしてしまうことも。特に、ウィンタータイプの得意なはっきり濃い色や鮮やかな色をリップにべったり塗ってしまうと、唇だけ浮いてしまうことも。リップにはぽんぽんと指で叩いて塗る程度にとどめるとバランスよく仕上がります。

サマータイプにも似合う
スプリングタイプの色

黄みが少なめのベージュなのでサマータイプの目元にもマッチ。RMK ザ ベージュライブラリー アイシャドウデュオ 03 ￥4400／RMK Division

サマータイプにも似合う
オータムタイプの色

スモーキーカラーの大人なカーキは、ふわっとのせるとサマータイプによく似合います。SUQQU シグニチャー カラー アイズ 06 ￥7700／SUQQU

サマータイプにも似合う
ウインタータイプの色

クリアなピンクレッドは、鮮やかすぎない発色。サマータイプの肌にもマッチする美しい色合いです。オペラ リップティント N 06 ￥1650／イミュ

Lesson 4

オータムタイプが苦手カラーを似合わせるコツ
大人・落ち着きがあるだけじゃない印象に

オータムタイプは、さらりとしたマット肌の持ち主。深みのあるカラーを使うと顔に立体感が出て引き締まります。髪・目も焦げ茶や黒で、比較的濃い色なのが特徴。白目はやや黄みがかっている傾向が。黄みの強いテラコッタやオレンジも似合い、大粒のラメを使うと華やかに。

AUTUMN

おさらい
オータムタイプの得意なカラーテイスト

黄み・濃い・穏やか・スモーキー

＊似合わせる裏ワザ：ゴールドパール入りを選ぶと◎

オータムタイプにスプリングタイプのカラーを似合わせるには？

オータムタイプとスプリングタイプの共通点は「黄み」。しかし、オータムタイプは濃い色（深い色）が似合うので、スプリングタイプに似合う明るい色をのせると、顔が白浮きしてしまったりぼんやりしてしまったりと、魅力を生かしきれないこともあります。黄みを生かしつつ、ミルキーなカラーは避けて濃いめにしっかり色をのせて仕上げるのが◎です。

オータムタイプにサマータイプのカラーを似合わせるには？

オータムタイプとサマータイプの共通点は「穏やかさ・くすみ」。ただし、サマータイプの色には青みが強いものもあるため、青みを強く感じるものを使うのは避けるのが◎。くすみカラーを選び、ふわっと優しく仕上げるのがおすすめ。青みが強い色を使いたい場合は、マスカラやアイラインに使いましょう。

オータムタイプに
ウィンタータイプのカラーを似合わせるには？

オータムタイプとウィンタータイプの共通点は「濃い色」が得意なことです。でも、オータムタイプに青みがかった色を使うと、顔色が青ざめて見えがち。暗く重厚感のある色が得意なので、青みの強い色を避けつつダークな色でまとめれば、顔にほどよい立体感やメリハリが出ます。

**オータムタイプにも似合う
スプリングタイプの色**

やわらかく健康的な血色をプラスできます。ローラ メルシエ ブラッシュ カラー インフュージョン 06 ￥3850／ローラ メルシエ ジャパン

**オータムタイプにも似合う
サマータイプの色**

細かいゴールドパールが入っていて、オータムタイプの肌に溶け込みます。AQ ブラッシュ 02 ￥7480／コスメデコルテ

**オータムタイプにも似合う
ウインタータイプの色**

光沢が美しいワインのような深い色はオータムタイプにもベストマッチ。NARS リップスティック 2912 ￥3630／NARS JAPAN

Lesson 5

ウィンタータイプが苦手カラーを似合わせるコツ

華やか・クールなだけじゃない印象に

ウィンタータイプは透明感のあるツヤ肌の持ち主が多く、はっきりとした濃い赤や青をはじめ、とにかく鮮やかな色が似合います。髪・目が茶や黒で、比較的濃い色なのが特徴。白目と黒目のコントラストもはっきりした人が多いです。

WINTER

おさらい

ウィンタータイプの得意なカラーテイスト

青み・濃い・鮮やか・澄んだ色

＊似合わせる裏ワザ：シルバーの輝きやパール、ラメ入りを使うとオールOK

ウィンタータイプにスプリングタイプのカラーを似合わせるには？

ウィンタータイプとスプリングタイプの共通点は「鮮やかな色・澄んだ色」が得意なことです。それらの要素の入っている色を選びましょう。ベールをかけるようにふんわりと色をのせつつ、しっかりツヤをプラスしてあげるのがポイントです。

ウィンタータイプにサマータイプのカラーを似合わせるには？

ウィンタータイプとサマータイプの共通点は、「青みのある色」が得意なことです。白っぽくなりそうなミルキーカラーを避け青みを感じる色を選び、濃くしっかり発色させると、ぼやけずにしっくりさせることができますよ。ウィンタータイプが得意な要素であるツヤも忘れずに。

ウィンタータイプにオータムタイプのカラーを似合わせるには？

ウィンタータイプとオータムタイプの共通点は「濃い色」が似合うこと。どちらのタイプも暗く重厚感のある色が得意なので、ダークな色でまとめるとうまく馴染みます。黄みが強すぎるものを選ぶと肌が黄ばんでしまうことも。黄みが強いものを避けて選ぶのがちぐはぐにならないコツです。

ウインタータイプにも似合う スプリングタイプの色

イエローベージュながら、ウィンタータイプに使いやすい華やかなきらめきが入った色。アディクション ザ アイシャドウ パール 005P￥2200／アディクション ビューティ

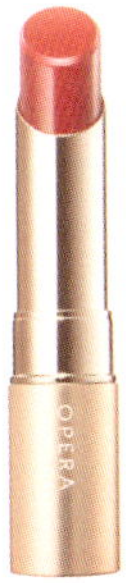

ウインタータイプにも似合う サマータイプの色

澄んだクリアな色で、ほどよい抜け感を出しつつ優しさのある発色。ウィンタータイプにもしっくりきます。オペラ リップティント N 02￥1650／イミュ

ウインタータイプにも似合う オータムタイプの色

こっくり深みのある、ダークなローズカラーで、ウィンタータイプにもぴったり。アディクション ザ アイシャドウ ティント002T ￥2200／アディクション ビューティ

Lesson 6

セカンドカラーって何?

最近、「セカンドカラー」という言葉を聞くことが増えてきました。ご存じの通り「パーソナルカラー」は肌がきれいに見える色ですが、チェックシートに答えていった結果、1つのシーズンの特徴にすべてあてはまるとは限らないですよね。2つのシーズンの特徴に同じくらいあてはまる、なんて人もいると思います。セカンドカラーとはいわゆる2つめに似合うグループ。2つめに似合うものを知れば、似合わせがより的確に。

例えば、イエローベースのスプリングなのにオレンジが苦手な場合、セカンドカラーがサマーやウィンターである可能性があります。黄みの強い色が得意だとは言い切れず、黄みが強いオレンジだと馴染まなくなることも。そんな人はセカンドカラーを知り、自分の得意な要素を理解することで、「似合うはずなのに似合わない⁉」ということがなくなり、似合わせ力がUPします。

セカンドカラーを考慮した似合わせ方

パーソナルカラー	パーソナルカラー
スプリング	**サマー**
2つめに似合うパーソナルカラー	2つめに似合うパーソナルカラー
サマー	**スプリング**

「明るめの色が似合う」という共通点があるので、明るめを意識して選べばOK。チェックを行った際、スプリングの要素の方が多かった人は、明るく黄みがかった色が◎。サマーが多かった人は明るく青みがかった色が◎です。

パーソナルカラー	パーソナルカラー
スプリング	**オータム**
2つめに似合うパーソナルカラー	2つめに似合うパーソナルカラー
オータム	**スプリング**

「黄みが似合う」というのが共通点です。チェックシートでスプリングのチェックの方が多かった人は、明るく、鮮やかな澄んだ色がおすすめ。オータムの方が多かった人は、濃く落ち着いたスモーキーな色がおすすめです。

P14～15のチェックシートを参考にしてください

セカンドカラーを考慮した似合わせ方

パーソナルカラー
スプリング
2つめに似合うパーソナルカラー
ウィンター

パーソナルカラー
ウィンター
2つめに似合うパーソナルカラー
スプリング

「鮮やかな色や澄んだ色」が似合うという共通点があります。チェックを行った際、スプリングの要素の方が多かった人は、黄みのある色を選びましょう。ウィンターの要素が多かった人は青みのある色を選んでください。

パーソナルカラー
サマー
2つめに似合うパーソナルカラー
オータム

パーソナルカラー
オータム
2つめに似合うパーソナルカラー
サマー

「穏やかな色やスモーキーな色」が似合うのが共通点です。チェックシートでサマーのチェックの方が多かった人は、青みのあるやわらかなスモーキーカラーが似合います。オータムの方が多かった人は、黄みのあるやわらかなスモーキーカラーがおすすめです。

セカンドカラーを考慮した似合わせ方

パーソナルカラー
サマー
2つめに似合うパーソナルカラー
ウィンター

パーソナルカラー
ウィンター
2つめに似合うパーソナルカラー
サマー

「青み」が似合うという共通点があります。チェックを行った際、サマーの要素の方が多かった人は、明るめの色で落ち着きのある色がおすすめ。ウィンターの方が多かった人は、濃く鮮やかで澄んだ色がおすすめです。

パーソナルカラー
オータム
2つめに似合うパーソナルカラー
ウィンター

パーソナルカラー
ウィンター
2つめに似合うパーソナルカラー
オータム

「濃い色」が似合うのが共通点です。チェックシートでオータムのチェックの方が多かった人は、黄みのある色が◎。ウィンターの方が多かった人は、青みのある色が◎です。

P14 ～ 15のチェックシートを参考にしてください

Lesson 7

ブルーベースだけど、オレンジチークを使いたいときは？

チークの目的は肌をきれいに見せて、血色感を出すことです。でも青みが得意なブルーベースの人がオレンジチークを使うと、うまく肌と馴染まずに黄ぐすみして見えてしまうことも。肌から浮いてしまうと血色感をうまく出すこともできないので△。ブルーベースの人がオレンジを使うなら、狭い面積で使うのが簡単です。アイライナーやマスカラ、アイシャドウの締め色などでアクセントとして使うのがおすすめ。

どうしても使いたい場合は、肌の色とケンカしないよう、毛足の長いブラシでとにかく薄く薄くふわっとのせましょう。ブルーベースの得意な要素である、シルバーパールを含んだものだと浮きにくいですよ。オレンジのもつヘルシーな印象が足せるはずです。サマータイプは彩度が低くソフトなオレンジを、ウィンタータイプはツヤの出るものを使うと馴染みやすいです。

Lesson 8

赤リップで女性らしく！上手に使うコツは？

いわゆる「THE赤リップ」である、真紅や青みの赤は、ウィンタータイプの得意な色。他のタイプの人は、指でぽんぽんと唇にのせて馴染ませながら使うと◎。自分の肌とのバランスを調整しながら塗ることができますよ。

また、パーソナルカラー別に似合う赤リップを探すなら次の色を選んでみてくださいね。

- **スプリングタイプ**　黄みを感じる明るめの鮮やかな赤（朱赤・ツヤあり）
- **サマータイプ**　青みを感じる明るめの優しい赤（ローズレッド・セミマット）
- **オータムタイプ**　黄みを感じる濃くて落ち着きのある赤（トマトレッド・セミマット）
- **ウィンタータイプ**　青みを感じる濃くて鮮やかな赤（真紅・ツヤあり）

ちなみに血色感を出すという意味でいうと、透け感のあるクリアレッドならどんなパーソナルカラーの人も使いやすいです。リップクリーム感覚の薄いベールをまとうような赤を、１本持っておくことをおすすめします。

Lesson 9

オータムタイプにピンク系をうまく似合わせるコツは？

オータムタイプの人は基本的に濃い色が得意。ピンクは白浮きしやすいものが多く、馴染まないなと感じることも。特に白っぽくなるミルキーピンクなどは似合わせるのがちょっと難しいかもしれません。

しかし、大人っぽく見られがちなオータムタイプとしては、ピンクの可愛さを取り入れたいですよね。それなら、黄みが強くて濃いめのサーモンピンクを選べば上手に使えるはずです。リップやチークなら肌に馴染むピーチカラーがおすすめです。

また、使うブラシは商品とセットになっているブラシではなく、毛足の長いものを使ってください。ふんわりと薄くのせることで、ピンクを使った可愛いメイクを楽しむことができますよ！

Lesson 10

ウィンタータイプが似合う色でまとめたら派手すぎる？

ウィンタータイプは濃くて鮮やかな色が得意です。ただし、これは傾向という意味。「派手になりすぎる」という悩みをもつウィンタータイプには引き算テクニックが重要になってきます。唇がちょっと鮮やかすぎるなと感じたら、リップを塗った後にティッシュオフすればＯＫ。色みが落ち着いて肌に馴染むはずです。あるいは、クリア系にするのも◎。ウィンタータイプのツヤのある肌には、澄んだリップがよく馴染みます。悩んだらツヤありをチョイスしてみてください。

チークも鮮やかすぎると、バブリーな印象になってしまうことも。少し薄付きを意識するだけでグッと今風になります。チークはのせる場所が広範囲な分、主張も強いです。ですから目や唇は似合う鮮やかな色でまとめて、頬だけ色付きハイライトにして抜け感を出す方法がおすすめです。目や唇が強調されて、メリハリがありつつ整ったバランスになります。

Lesson 11

ブルーベースにも似合うベージュ系チークは？

やわらかで上品さのあるナチュラルな色の代表ともいえるベージュですが、こういった黄みのある色はブルーベースが苦手とするところ。ピンクベージュやローズベージュなどを選び、少し赤みを加える必要があります。濃くのせるのは厳禁なので、大きめのブラシでふんわりと頬にのせてください。

特にウィンタータイプはベージュを扱うのが難しく感じているのではないでしょうか。理由はベージュが黄みのある色というだけではなく、濁色でもあるから。澄んだ色が得意なウィンタータイプの人にとっては、どうしてもくすんで見えてしまい、使いたいのに使えない！　となってしまいがち。そんなウィンタータイプの人にはツヤを足してあげるのがポイント。シルバーパールやラメ入りにしたり、練りチークを選んで軽く叩きこむようにのせたりしてみてくださいね。

Lesson 12

ウィンタータイプにやわらかなブラウンメイクを似合わせるコツは？

イエローベースの人が得意なブラウン。ブラウンのアイライナーは、目の輪郭をはっきりさせ、ブラウンアイシャドウは、まぶたに自然な立体感を演出してくれます。

しかし、ブラウンというのはオレンジと黒でできており、黄みが入っているため、ブルーベースの人はくすみやすく、きれいな陰影を作ろうと思って選んだブラウンが逆効果となることも。

サマータイプの人は、赤みをおびたローズブラウンやココアブラウン系を選べば、馴染みます。ウィンタータイプの人は、プラムブラウンなどサマータイプ同様に赤みの入ったブラウンを選ぶか、ボルドーなどの深みのある赤で代用するのが◎。ボルドーでもブラウンと同じ効果があり、きれいな陰影を演出できますよ。

Lesson 13

あやんぬおすすめ

プチプラコスメ 10

ブログなどではあまり紹介できてないんですが、実はプチプラコスメも大好きで愛用しています。今って優秀なものがたくさんありますよね。TPOに合わせたメイクを研究するときや、流行色を試してみたいときも、プチプラコスメなら気軽に購入できます。リニューアルが早いブランドも多く、お店をチェックするだけでも楽しいですよね。発色や使い勝手にこだわって選んだおすすめの10品をご紹介します。ぜひ使ってみてくださいね。

1 UZU アイオープニングライナー ブラウンブラック

キリッと仕上がるのにブラウンの優しさが出せるのがポイント。描きやすくて一度使ったら手放せません！　￥1650／UZU BY FLOWFUSHI

2 ヴィセ アヴァン リップ＆アイカラーペンシル 017

ゴールドパールが目元を輝かせてくれます。するするっと思い通りのラインが描けて、失敗しにくい一品。￥1320（編集部調べ）／コーセー

3 オペラ リップティント N 01

とってもクリアで、使いやすい赤リップです。シアーなので悪目立ちせず生き生きした唇にしてくれて、シーンを選ばず重宝します。￥1650／イミュ

4 ケイト　パーツリサイズシャドウ BR-1

下まぶたもしっかりメイクして、目を下方向に大きく見せます。小顔になりたい人にもぴったり。￥1320（編集部調べ）／カネボウ化粧品

5 デジャヴュ ラスティンファインE ショート筆リキッド ミディアムブラウン

極細ラインが簡単に描けるのがこちら。テクニックがなくてもブレにくいので、目尻の跳ね上げラインも成功するはずです。￥1430／イミュ

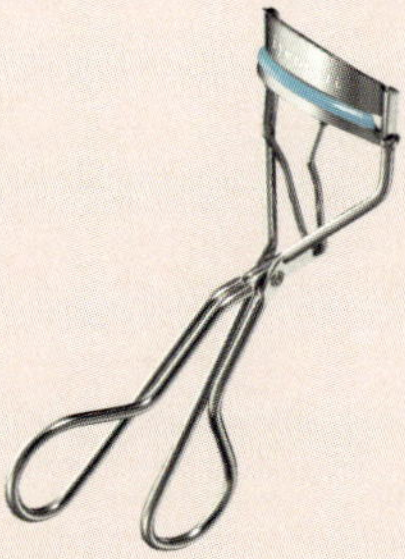

6 アイプチ ひとえ・奥ぶたえ用カーラー

日本人の目元に合うよう作られていて、隠れたまつ毛もしっかりキャッチ。まつ毛を残さず立ち上げてくれる頼もしい一品です。￥1650／イミュ

7 セザンヌ ウォータリーティントリップ 01

ベタつかないのに、潤いがずっと続きます。スプリングタイプの人に鉄板の、美しいナチュラルピンク。￥660／セザンヌ化粧品

8 フジコ ニュアンスラップティント 03

ツヤツヤに仕上がるのに落ちにくく、ぷっくり唇にしてくれるリップ。マスクにつきにくいところも高ポイントです！　￥1408／かならぼ

9 B IDOL つやぷるリップ 06

塗る回数で印象をコントロール。一度塗りだと抜け感が出て、重ね塗りでくっきりとした大人な印象になります。￥1540／かならぼ

10 デジャヴュ ラスティンファインE クリームペンシル ピュアブラウン

なめらかな描き心地なうえ、密着してにじみにくいのもうれしい。楕円芯なので極細ラインも太めラインも自由自在です。￥1320／イミュ

Lesson 14

イエローベースに黒いアイライナーを悪目立ちさせない方法は？

黄みの得意なイエローベースの人は、基本的にミディアムブラウンやダークブラウンなど、ブラウン系のアイライナーが馴染みます。でも、やっぱりキリッとした黒のアイライナーも使いたいですよね。それなら引き方に工夫が必要です。そもそもアイライナーの役割は目の輪郭を際立たせ、目を印象づけるというもの。イエローベースの人が、漆黒のアイラインを太く引いて目の輪郭を取ると、瞳よりも黒のアイラインが目立ちやすくなり、黒目が小さく見えがちなんです。そんなときは、まつ毛とまつ毛の間を埋めるように細く引くこと。まつ毛の根元が密集した感じになり、まつ毛がふさふさに見える程度におさまります。いかにもアイラインを引きました、という存在感を出しすぎないのがコツです。

合わせるマスカラも、ボリュームタイプよりもセパレートタイプが◎。自然とまつ毛が長いように見せることでナチュラルに仕上がります。

Lesson 15

個性的なカラーマスカラ、アイシャドウとどう合わせる？

目新しい色がどんどん発売されているカラーマスカラ。アイメイクとのバランスの取り方が気になりますよね。簡単なのは、アイシャドウを肌馴染みのよいベーシックカラーにすることです。イエローベースの人はベージュ系やブラウン系、ブルーベースの人ならピンクベージュやココアブラウン系にしてみてください。

ベーシックカラー以外のアイシャドウとカラーマスカラの組み合わせを考えるには、同系色を使うのが簡単なテクニックです。例えば、イエロー×カーキなど。同系色なのでまとまりのある感じに。逆にネイビー×オレンジといった補色の組み合わせは、メリハリが出て、グッと華やかな印象に。いつものメイクがマンネリ化している人は、ポイントメイクに変化をつけることができて楽しいですよ。

目元がぱっと華やいでおしゃれな印象になるオレンジ。Amplitude エクストラボリューム カラーマスカラ 05 ¥4840／Amplitude

ミステリアスに目元を彩る、レッドパール入りのダークなバイオレット。THREE アートエクスプレッショニストマスカラ 03 ¥4400／THREE

Lesson 16

紫のアイシャドウはイエローベースだと扱いづらい？

紫はブルーベースの人の得意な色。スプリングタイプやオータムタイプが使うには、工夫が必要な色です。まずは青みの強くない紫色を選ぶのがポイント。さらに、ゴールドパールが入るともっと似合いやすくなります。

スプリングタイプの人は明るく澄んだ紫を、まぶたにベタッとのせずに軽さを出すようにのせるとうまくいきます。ふんわりぼかしてやわらかい印象に仕上げると、より肌に馴染みます。明るいパンジーのような紫色が、スプリングタイプに似合う色みですよ。

オータムタイプの人は深く落ち着きのある紫を、濃く仕上げてあげることで、自分の得意な色として使いこなしやすくなります。茄子紺《なすこん》やグレープ色を選ぶのも素敵。こっくりとした落ち着きのある色みなので、オータムタイプにしっくりくるはずです。

Lesson 17

グリーンやブルーはハードルが高い悪目立ちしない使い方はある？

グリーンやブルーのアイメイクは、ハードルが高いと感じる人も多いのではないでしょうか？　顔の中にない色みなので、「うまく使わないと奇抜な印象になってしまいそう」と思うのもよくわかります。

まずは、マスカラやアイライナーなどの部分使いで、アクセントに取り入れると簡単ですね。想像以上に肌に馴染み、今までとは違った自分の表情に出会うことができますよ。ぜひチャレンジしてみてください。

スプリングタイプの人は黄みがかった明るいエメラルドグリーンやアクアブルーが、サマータイプの人は少し白を混ぜたようなミントグリーンやソフトブルーがおすすめ。オータムタイプの人は落ち着いたモスグリーンやティールブルーを。ウィンタータイプの人は青みをしっかり感じるフォレストグリーンやロイヤルブルーを選ぶといいですよ。

サマーとウィンタータイプの人に似合うミントブルー系。カジュアルな雰囲気に。RMK カラーパフォーマンスアイズ 03 ￥4950／RMK Division

スプリングとオータイムタイプに合うターコイズグリーン。エレガンスクルーズ アイカラープレイフル GR02 ￥1980／エレガンス コスメティックス

Lesson 18

ラメやパールが苦手。うまく使いこなすには？

スプリングタイプやウィンタータイプは、輝くツヤやきらめくラメが大得意。スプリングタイプにはゴールド系のきらめきが、ウィンタータイプにはシルバー系のきらめきがよく馴染みます。

一方、サマータイプやオータムタイプは、ツヤやラメを使う際工夫が必要。上手に選んで使いこなしましょう。サマータイプは細かい粒子のシルバーパール系を、オータムタイプはゴールド系のきらめきを選び、まぶた全体ではなく黒目の上あたりに部分使いするとうまくいきやすいですよ。

ところで、ラメやパールは大人顔やこども顔、一重・二重・奥二重といった、顔のパターンによっても得意不得意が変わってくるアイテムです。一概にパーソナルカラーだけでは決められません。例えば大粒の輝きが入ったものは、一重や奥二重の人が使うとはれぼったく見えがち。ラメやパールが大得意なスプリングタイプやウィンタータイプでも、大粒の輝きを使うと、なんだかしっくりこないことも。

大粒のラメが苦手で少し腫れぼったく見えるかもという人は、立体感を出す目的で黒目の上だけにのせるか、目の下の涙袋にのせると◎です。まぶたのふくらみがより強調されるので、凹凸感を強調できますよ。

大きめのラメとパール入りでウィンタータイプの人によく馴染む色です。アディクション ザ アイシャドウ スパークル 004SP ￥2200／アディクション ビューティ

スプリングタイプとオータムタイプに似合う、繊細なパール入りのゴールドベージュ。アディクション ザ アイシャドウ クリーム 013C ￥2200／アディクション ビューティ

ツヤっとしたシェルピンクはスプリングタイプとサマータイプにマッチ。SUQQU トーンタッチ アイズ 18 ￥4070／SUQQU

Lesson 19

スプリングタイプ＝暖色ではなくもっとアレンジしたい人は

スプリングタイプの悩みでよく聞くのは、「使いやすい暖色を選ぶことが多くて、いつも同じイメージになってしまうんです」というもの。そのせいで、いつもキラキラした印象に見えて、マンネリになってしまうという悩みです。本当は、アクアブルーやエメラルドグリーンも得意な色なんですが、普段から暖色を使っていると、いきなり寒色系を使うのは難しそうと思ってしまいがち。アイホール全体に寒色を使うと見慣れなくて不安になってしまいそうなら、アイライナーやアイシャドウの締め色に使うなどポイント使いからチャレンジしてみてください。部分的に使うだけでも雰囲気がグッと変わります。

だんだん慣れてきて、使いこなせるようになるはず。涼しげな印象のメイクができるようになれば、おしゃれの幅も広がりますよ。

メイクと服をリンクさせよう

なりたい印象になるにはトータルのバランスがとっても大事！

Lesson 20

パーソナルカラー別で楽しむON／OFFのトータルバランス

「ファッションに合わせてメイクを変えたいけれど、難しそう！」そう思っているなら、まずはメイクと服の色をリンクさせてみてはいかがでしょうか？メイク前にコーデを組んで、鏡で確認をしてからメイクをすると、統一感が出てバランスよく見えますよ。使いたいコスメの色からファッションを決めるのもおすすめです。

ON／OFFで変化をつけて楽しむ方法を4シーズンで考えてみました。なりたい印象に近づくはずなのでぜひチャレンジしてみてくださいね。

Lesson 21

スプリングタイプのON／OFFメイク&ファッション

スプリングタイプの人は、明るく黄みがかった澄んだ鮮やかな色が似合います。ベーシックな色と組み合わせることで、派手すぎず若々しい印象に。鮮やかな色は主張が強いので、全体の色数を3～4色くらいでまとめると◎。

ONのメイク&ファッション　スプリングタイプの人に似合う色の中でも、ベージュやブラウン、アイボリー系のカラーが、周りとの調和を求められるONタイムにはぴったりです。キリッとした雰囲気が出るよう、アイライナーやマスカラで目力をUPさせてみてくださいね。唇にはコーラルピンクのリップライナー+リップを使うと、きちんとしているのに愛らしい印象を与えます。ファッションもベージュやブラウン、アイボリー系をメインに、リップやチークに使ったコーラルピンクをパンプスや小物で投入してみて。メイクとの統一感が出るうえ、親しみやすい中にも目を引くアクセントとなります。

OFFのメイク&ファッション　ツヤが得意で快活なテイストが似合うので、

OFFこそ鮮やかな色を楽しんで。明るく鮮やかなオレンジやグリーンのトップスにデニムなら、スプリングタイプの明るいテイストにぴったりです。アイシャドウにオレンジを使って服とリンクさせて、練りチークでみずみずしさをプラス。**メイクにゴールドパールが入っていると、より肌がきれいに見える**ためスプリングタイプらしさを生かした雰囲気になります。

ON

黄みを含んだ明るい色を顔周りにもってくると肌もきれいに見え好感度UP。使う色数は3～4色にとどめるとまとまります。

OFF

ツヤ質感をたくさん使った、OFFを満喫するメイク。みずみずしい印象になり、笑顔もグッと華やかにしてくれます。

Lesson 22

サマータイプのON／OFFメイク＆ファッション

サマータイプの人は、コントラストをあまりつけない方がバランスよく仕上がります。メインのカラーをグラデーションや濃淡配色で使って、ソフトな印象にまとめてあげるのが◎。サマータイプの人が得意な落ち着きのあるやわらかな色は、まとまりやすいので色数はそこまで気にしなくても大丈夫です。

ONのメイク＆ファッション　オフホワイトやライトグレイなど、明るくてやわらかなカラーをメインに仕上げてみましょう。マシュマロのようなふわっとしたセミマット肌は、ラベンダー系やローズ系のチーク、リップで、やわらかく上品に仕上げて。クールな知的さをプラスするなら、ネイビーやブルーをインナーや靴、アイシャドウの締め色にも使ってリンクさせるといいですね。繊細なシルバーパール入りのコスメで透明感をUP。細かなパールは派手にならず、上品な印象が伝わりますよ。

OFFのメイク＆ファッション　明るく涼しげな色をメインにまとめるのがお

すすめ。ONタイムには使いにくい冒険色や濃いめの色も、友達と遊ぶ日などにはメイクや服に取り入れてみてくださいね。服にソフトブルーやミントブルー、ネイビーなどを選んだら、メイクではアイシャドウの締め色に同じ色を使ってみて。メリハリをつけるなら、ボルドーやローズレッドのアイライナーやマスカラ、リップをプラスしてみてください。

バッグなどの小物にシルバーカラーをプラスするとおしゃれな印象に。お仕事などきっちりとした雰囲気にも合うので◎です。

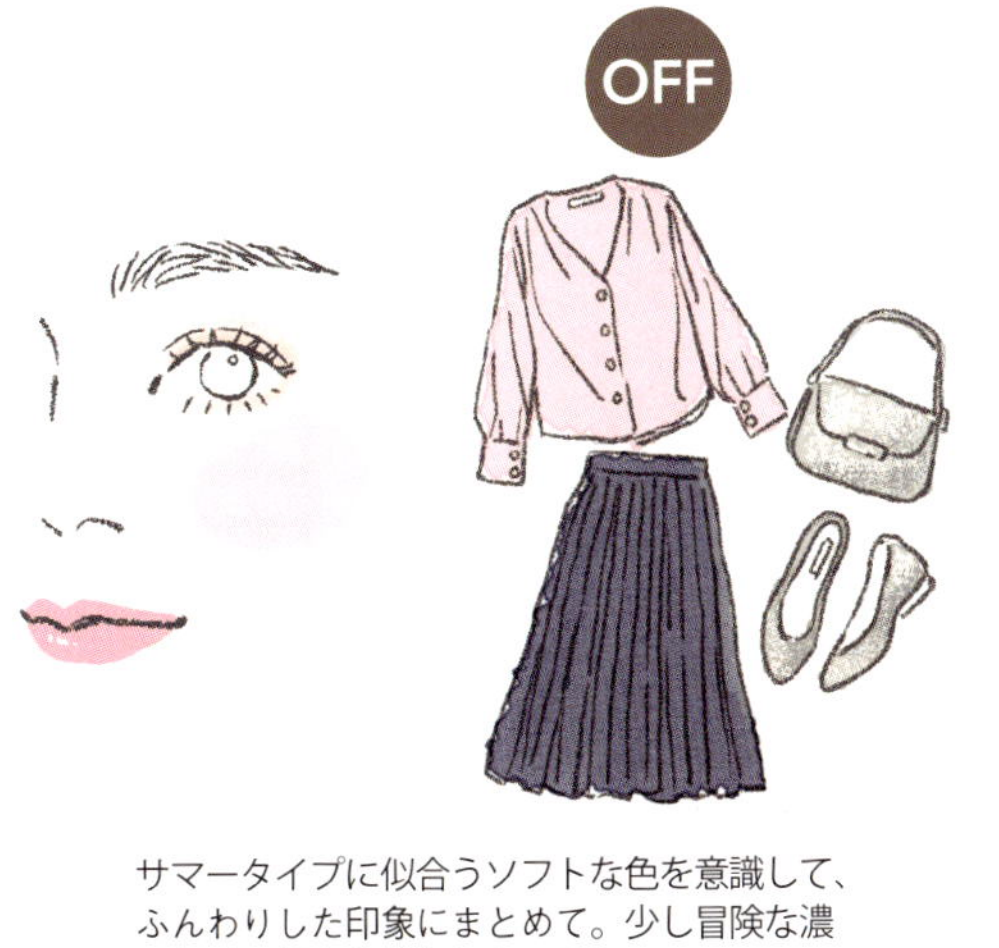

サマータイプに似合うソフトな色を意識して、ふんわりした印象にまとめて。少し冒険な濃い色は、顔から離れたところに。

Lesson 23

オータムタイプのON／OFFメイク&ファッション

落ち着きのある大人っぽい印象のオータムタイプ。暖かさを感じるカラーをメインにまとめてあげると◎。落ち着いた色は、色数が多くてもうるさくならないため、そこまで色数を気にする必要はありません。

ONのメイク&ファッション

落ち着きのある大人っぽい雰囲気が得意なオータムさんのONタイムのメイクとファッションは、ぬくもりや安心感を感じさせるブラウン系を中心にしてみて。肌はマットな陶器肌に仕上げてお仕事モードに。アイシャドウもベージュやブラウン系を使い、リップはテラコッタなどにして、大人っぽい魅力を生かしましょう。マットが得意とはいえ重さが気になるときは、チークやリップをシアータイプに。ブラウンやベージュがいいですね。

OFFのメイク&ファッション

落ち着きのあるカラーの服とメイクを基本に、アクセントとして鮮やかな色を加えてみて。大人っぽさの中に華やかな印象がプラスされ、一気に雰囲気が変わります。例えばアイシャドウやトップスにオリーブグリーンやマスタードを足したり、唇をトマトレッドにするとハンサム系に。アイシャドウは大粒のゴールドパール入りを選べば、華やかさがＵＰします。カジュアル寄りの服を着る日にメイクが重たくなる場合は、アイ、チーク、リップをシアーな色にしてみてください。

ON

落ち着きのある色が得意なので、お仕事モードでまとめやすい。小さめのゴールドアクセを投入して大人度を上げても◎です。

OFF

大人っぽい雰囲気を生かして、ゴールドラメのメイクを楽しむといいかも。嫌味なく上品な印象にまとまるタイプです！

Lesson 24

ウィンタータイプのON／OFFメイク&ファッション

ウィンタータイプは無彩色×青みのきいた鮮やかなカラーを合わせてあげると◎。色数は3〜4色に絞り、うるさくならないようにします。肌と瞳や髪、唇とのコントラストがしっかりとある人が多いので、メリハリ重視のメイクに。

ONのメイク&ファッション 得意な黒やネイビー、白をメインにしつつ、涼しげで濁りのないクリアカラーを組み合わせて。肌に血色がない人は、ベースにピンクの下地を使って血色感をプラスしましょう。チークはクリアレッドやクリアピンク、パープル系などを薄くふんわりと。きつく見える場合は、色付きのハイライトだけでも十分です。目元にはボルドーやパープル、ネイビー系を取り入れてみてください。

OFFのメイク&ファッション OFFの日は、カラーアイテムを使って遊んでみて。メイクはONの日のメインカラーを濃いめにするだけでも雰囲気が変わりますし、ラメを重ねるのもおすすめ。単調でつまらないと感じたら、服に鮮やかな色を取り入れて、メイクにも同じ色をプラスしてみてください。華やかさがグッとUPします。ネイビーやパープル系もいいですね。服と目元がリンクすると、派手になりすぎずにトータルでバランスが取れますよ。

質感を重視して色数を減らすのが最重要ポイント。メイクもファッションも、これくらいシンプルな方が、持ち前の魅力を生かせます。

シルバーラメやパールの含まれたアイシャドウやチークはぜひ持っておいて。お仕事後の急なお出かけでも、のせるだけで華やかに。

Lesson 25

ベーシックカラーセットを作ると似合わせコーデが簡単に！

ここで少し、ファッションのお話をしましょう。流行や季節に左右されないベーシックカラーの中から、パーソナルカラーに合うトップス・ボトムスがセットになった服（セットアップ）を持っていると、苦手カラーを使いたいときに便利なんです。得意色のセットアップを着れば、全身の7〜8割ほどを得意な色が占めるので、残り2〜3割のどこかに苦手カラーを入れても、違和感なく楽しめます。

ここでベーシックカラーとしているのは、白・黒・グレイ・ベージュ・ブラウン・ネイビーの6色です。セットで売っているものがいいと思います。上下バラバラのものだと、同じ色に見えても微妙に色の調子が違って合わないこともあるからです。

そして、そろえたベーシックカラーセットと同じ色の靴や鞄といった小物やアイシャドウを選んでおきます。これで、上から下まで難しく考えずにサッとコーディネートでき、忙しい朝の時短にもなりますよ！

おすすめベーシックカラーセット

SPRING TYPE

アイボリー	ライトベージュ	ミディアムブラウン

SUMMER TYPE

ライトグレイ	オフホワイト	ネイビー

AUTUMN TYPE

ダークブラウン	エクリュ	キャメル

WINTER TYPE

黒	ピュアホワイト	チャコールグレイ	ネイビー

Lesson 26

パーソナルカラー以外の色をうまく馴染ませる方法は？

パーソナルカラーとは、肌がきれいに見えて、その人のもつ魅力を引き立てる色のことです。

メイクやファッションのコーディネートは、パーソナルカラーを考慮して選ぶことがポイント。パーソナルカラーはトップスやスカーフなど顔周りにもってくることが基本です。使いにくい色だけど使ってみたい苦手色は、顔から遠いところや小物で取り入れましょう。

でも、苦手な色をトップスに使いたいときだってありますよね。そんなときは、首元が大きく開いているものにして、顔に苦手な色が映り込まないようにすると◎。苦手な色をあえてトップスに使った日は、服とメイクをリンクさせます。ボトムスなどに得意な色を使って、同じ色をメイクにも入れると、グッとまとまり感が生まれますよ。

Lesson 27

昼は明るい色でメイクすると◎夜はちょっと鮮やか色を意識して

日中の太陽光の下で見るメイクは、明るい色の方が好感度が上がります。しかし、室内の照明の下で見るメイクは、色がちょっと違って見えますよね。例えばオレンジがかった照明だと、肌が黄み寄りに見えます。夜に予定があって雰囲気のいいお店などに行くと、暗めの照明だったりすることも。このようなダウンライトの下や暗い場所だと顔に影ができてメリハリが出にくくなるので、日中と同じメイクだとぼんやり見えてしまいがちです。

室内の暗い照明の下でも美しいメイクに見せるには、深みのある濃い色を味方につけることを意識してください。すると、照明の下でもぱっと肌がきれいに見え、雰囲気もとっても華やかになります。

Lesson 28

4シーズン別、昼と夜のメイクどう変えると素敵に見える？

デートや女子会、会食など夜に予定があるときはメイク直しで日中と雰囲気を変えるのがベスト。照明映えをアシストしてくれるカラーや質感を、4シーズン別にご紹介。華やかで美しく見えるコツをマスターしましょう。

スプリングタイプ　鮮やかな色が得意なため、はっきりとした色合いの赤や朱赤のリップをポーチに忍ばせておくと、夜出かける前のメイク直しに活躍してくれます。また、キラキラのゴールドパールのアイシャドウをまぶた全体に重ねるのもおすすめ。ファッションアイテムでは、シャンパンゴールドやピンクゴールドのアクセサリー類を足してみて。鮮やか色のストールをプラスするのも◎です。

サマータイプ　日中はナチュラルなメイクをしている人も多いと思いますが、夜のお出かけ前は少し濃いめの発色になるように、ポイントメイクを重ね付けします。リップは、ローズカラーがおすすめ。目元は日中のメイクの上に微細なシルバーパールを重ねても◎。ファッションアイテムは、サマータイプの得意なホワイトパールやシルバー、プラチナのアクセサリーを足してみて。さりげないアイテムですが、いくつか重ねて着けると存在感が出て素敵です。

オータムタイプ　濃く発色する黄みのカラーを選ぶと、室内の照明にもよく映えます。おすすめはオータムタイプに華やかさをプラスしてくれるブラウンレッド。ゴールドラメの入ったアイシャドウも相性抜群です。ファッションアイテムは、オレンジゴールドのような、黄みの強いゴールド系アクセサリーをプラスすると◎。

ウィンタータイプ　とにかくキラキラが大得意なウィンタータイプには、メイクにシルバーラメを足すだけで華やかさいっぱいに。ツヤのあるリップグロスを塗り足すだけでも、特別なお出かけ感を演出できます。アクセサリーもキラキラしたものが似合うため、シルバーやプラチナのアクセをしっかり磨いて、光を味方につけて。

おしゃれ見えアイカラー配色16選

色彩心理学も踏まえた色選びワザ。明日からアイパレットの捨て色がなくなります♪

Lesson 29

空色×栗色で洗練されて見える！アズーロ・エ・マローネ配色

アズーロ（空の青）×マローネ（栗）は、特におしゃれ見えする組み合わせ。品よくこなれた印象になります。というのも、どちらも自然界にある色のため、見慣れた色彩に心地よさを感じるのです。

青色は知性や清潔感を、茶色は穏やかさや安心感などを感じさせる効果が。自分が見せたい印象の色を多く使ってもいいですね。ちなみにバランスが取りやすいのは8：2の割合です。自分のパーソナルカラーでより似合う方の色をベースに、もう一方をアクセントに使うのもおすすめです。寒色と暖色の組み合わせは、お互いの色を引き立て合うためメリハリもUPします。

合わせるリップとチークの色は大人っぽく落ち着きのあるローズやベージュ系のくすみカラーを使って同系色でまとめるのがおすすめです。

Color Combination

メリハリを出せるおしゃれな色合いです。軽い印象にしたいならライトブルー×ブラウンや、ネイビー×ベージュにしても◎。

Lesson 30

グレイ×ネイビーでクールにかっこよく決まるモダン配色

無彩色×低彩度の寒色系でコントラストをつけると、メリハリのある目元になり、ハンサムな印象に見せることができます。

例えば、グレイの落ち着いた印象と、ネイビーの知的な印象の掛け合わせ。こちらは、ブルーベースの人や、顔のパーツに直線が多い人によく似合います。サマータイプならベースカラーを軽めに、ウィンタータイプにはキラキラとしたラメ入りを選ぶと魅力が生かされます。

イエローベースの人はベースをグレージュにしたり、ゴールドパールを上から重ねたり、あまり青みの強くないものを選ぶのがポイントです。リップ&チークは、ニュートラルなクリアレッド系がおすすめ。

目元をキリッとさせる分、他は血色を感じる程度に仕上げるのがポイント。特にチークは控えめを意識してください。

Color Combination

グレイは毛足の長いブラシでふんわりのせるのがコツ。色が濃く出がちな指やチップは使わずにブラシで優しくのせてあげて！

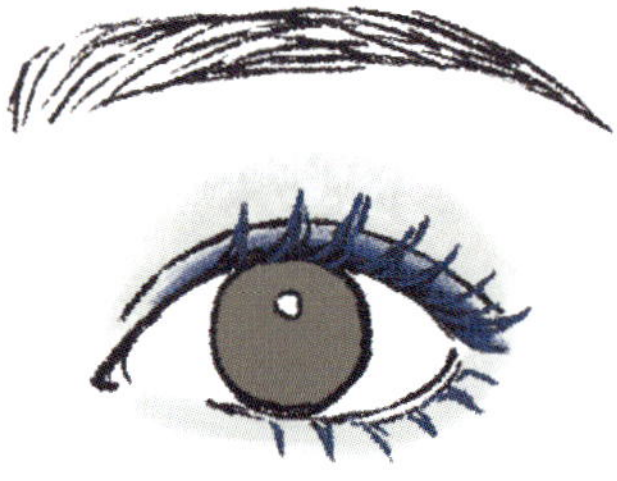

Lesson 31

ローズ×パープルでフェミニンかつ上品なエレガント配色

ローズの女性らしい印象と、パープルの高貴な印象を掛け合わせることでエレガントに。色同士のコントラストを抑えると、より上品さがUPします。チークやリップもローズ系を選び、ほんのりとのせればまとまりがよくなります。

ブルーベースの人に似合いやすい配色ですが、イエローベースの人はローズベージュやピンクベージュにしたり、ゴールドパールを上からふわっと重ねたりすると◎。黄みがプラスされて、肌と馴染みがよくなります。

この配色はあまりコントラストをつけないようにするのがポイントです。

Color Combination

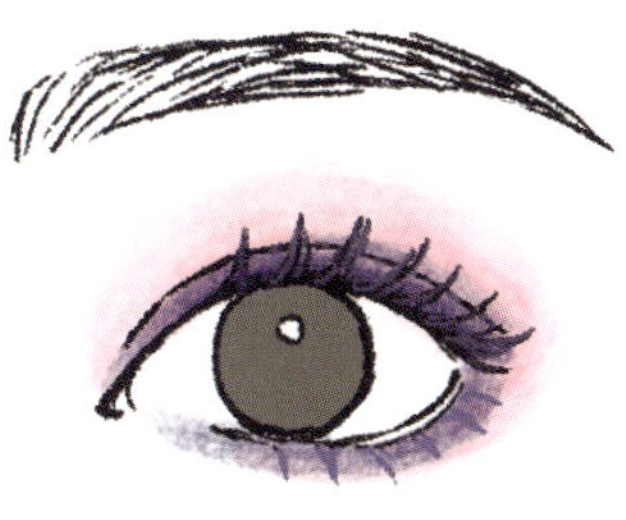

エレガントさいっぱいの女性らしい色合わせ。オフィスメイクに使うなら、やわらかい印象になるよう、落ち着きのある色を選びましょう。

Lesson 32

シャーベットカラーならピュア感UP 淡いひんやりテイストを楽しんで

淡く冷たい色調のシャーベット配色。実はこれ、日本で1962年に化粧品やファッションなどの業界で一斉に打ち出し、流行した伝説の組み合わせです。カラフルですが淡い色同士なので派手になりすぎません。若々しさを出したいときはこの色を使ってみてください。

全体的にピュアで可愛い印象に仕上がります。

この配色は肌の色が明るめの人と相性がよく、少し鮮やかにすることで活発さやカジュアルさがプラスされてきます。みずみずしく仕上げるのがポイントで、チーク&リップはコーラルピンクやクリアピンク系がおすすめです。カジュアルコーデとの相性もいいですよ。

Color Combination

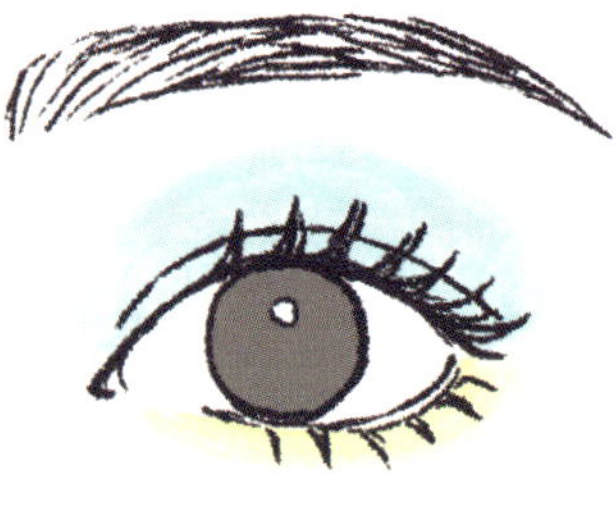

暑い季節を爽やかに過ごせそうな、ひんやりした配色です。花火・お祭り・海など、夏のワクワクするイベントにも相性抜群ですね。

Lesson 33

ベージュ×ブラウンの同系色はふんわりやわらか、リラックス配色

暖色のもつぬくもり感を全面的に出した配色。ベージュもブラウンも、見た人にやわらかさや落ち着き、穏やかな印象を与えます。同系の濃淡配色なので、まとまりのある仕上がりに。統一感が出ることに加え、失敗もしにくいのでチャレンジしやすいのも魅力です。

イエローベースの人は特に取り入れやすく、スプリングタイプはベースを軽めに仕上げるとやわらかさがグッとUP。オータムタイプはマットで少し重ための色を選ぶと落ち着きが増します。同系色なので少し単調に感じる場合は、マスカラやチーク・リップを少し鮮やかなオレンジや赤系にしてアクセントをつけるといいですね。

ブルーベースの人は黄みの少ないベージュやピンクベージュと、ココアブラウンで合わせると馴染みます。リップ&チークも同じく赤みや青みのある色を使うのがおすすめです。

Color Combination

どのコスメブランドにもきっとあるベーシックな色合いですが、やはり鉄板なのがこれ。自分の定番色をぜひ持っておきましょう。

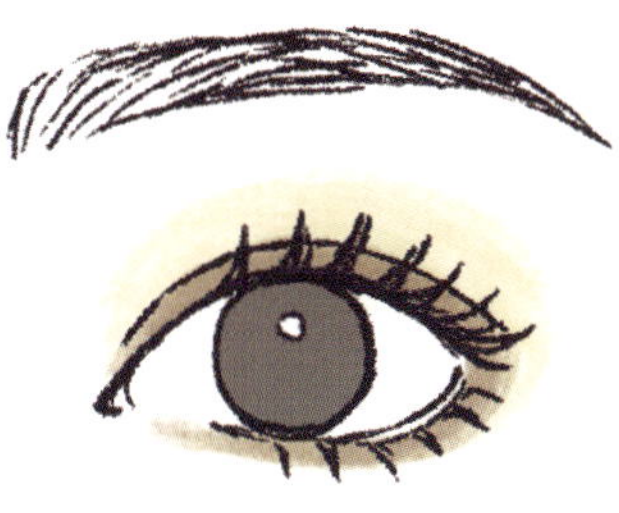

Lesson 34

ラベンダー×ネイビーで大人っぽい上品配色

ラベンダーとネイビーのコンビは、メイクがうまくまとまる失敗しにくい組み合わせ。ラベンダーがもつ上品さ、ネイビーの知的さや爽やかさが掛け合わされ、凛とした雰囲気と女性らしさのいいとこどり。濃淡で差がつくのでぼんやりせず、メリハリのきいた目元になります。凛とした印象を与えたいときは、この濃淡効果を味方につけてみてください。

ブルーベースの人が似合いやすい配色ですが、イエローベースの人はラベンダーをふわっとのせたり、ゴールドパールを上から重ねたりすることで、グッと肌馴染みがよくなります。

Color Combination

上品なラベンダーと、優しく引き締めるネイビー。ネイビーのマスカラは黒より抜け感が出て、こっそりおしゃれを仕込めます。

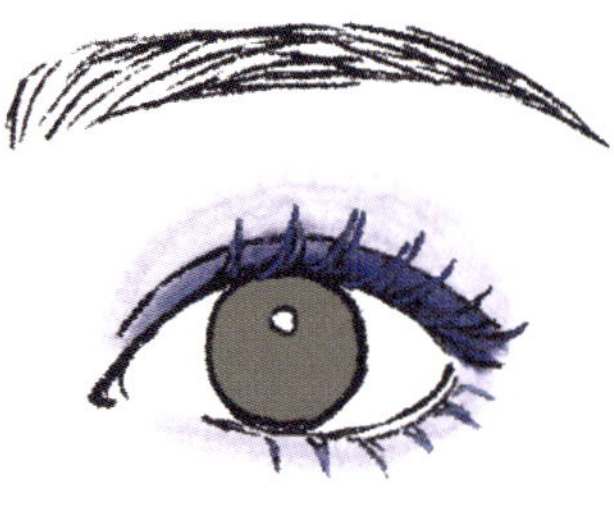

Lesson 35

ベージュ×カーキ×ブラウンのナチュラル配色は普段のメイクに◎

木の色や土の色など自然の色であるアースカラーを使い、全体的にぬくもりを感じる暖色系のベーシックな配色。類似する色の組み合わせでまとまりがあるのに、それぞれの色を引き立て合うという相乗効果も。

3色とも落ち着きややわらかさを感じる色彩なので、日常使いにぴったりです。

イエローベースの人が得意な配色です。ブルーベースの人は、ピンクベージュやココアブラウンなど、ピンク・赤・紫のニュアンスを含んだものを選ぶと◎。カーキはアクセントとして目尻にのせるなどポイント使いすると扱いやすいですよ。

Color Combination

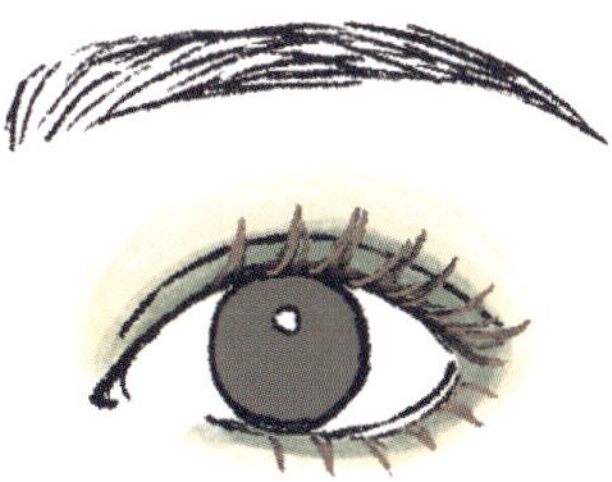

モードに寄せたいときは、カーキの面積を広めにしてみて。かっこいい雰囲気となり、おしゃれ度が上がりますよ。

Lesson 36

イエロー×オレンジで元気いっぱいはつらつとしたカジュアル配色

全体的にカジュアルな雰囲気に仕上がる配色。黄色とオレンジは似た色合いなので、どちらをメインにしてもうまくまとまります。

イエローベースの人はとても得意な配色。まずはふわっと淡くのせて仕上げると失敗しません。ブルーベースの人は、レモンイエローを選んだり、オレンジはふわっとのせたりしてみてください。シルバーパールを上から重ねるのも◎。

この配色は、〝元気〟や〝はつらつ〟といった雰囲気を感じさせるので、休日やカジュアルコーデの日におすすめしたいメイクです。

Color Combination

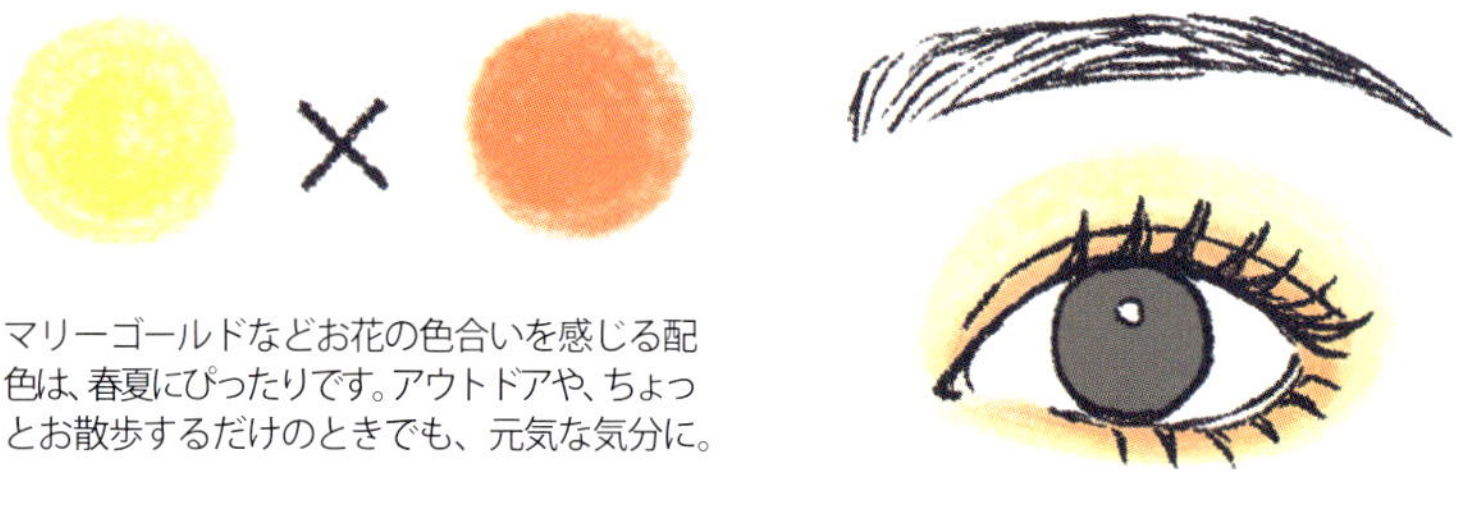

マリーゴールドなどお花の色合いを感じる配色は、春夏にぴったりです。アウトドアや、ちょっとお散歩するだけのときでも、元気な気分に。

Lesson 37

ローズ×グレイはパリジェンヌの定番 最高の女を演出するレディ配色

エレガントでシックな配色として、フランスで愛されているローズとグレイのコンビ。上品で甘美なローズにグレイを合わせると、甘さ控えめな印象にしてくれます。成熟した女性がもつ、大人の余裕を感じさせる素敵な色合いですね。

おすすめの使い方は、ローズカラーをアイホールにふわっとのせて、グレイのアイライナーで仕上げること。グレイのマスカラをプラスすると、より効果的です。チークもアイシャドウと同じくローズ系にすると全体がまとまります。イエローベースの人は青みの強くないローズを選んだり、ゴールドパールを上から重ねたりすると、肌に馴染みますよ。

この配色は、大人の女性として背伸びしたい日にもｇｏｏｄ。

Color Combination

大人っぽいのに甘さもプラスできる、使いやすい配色です。グレイを暗めのカラーにすれば、よりシックで引き締まった印象に。

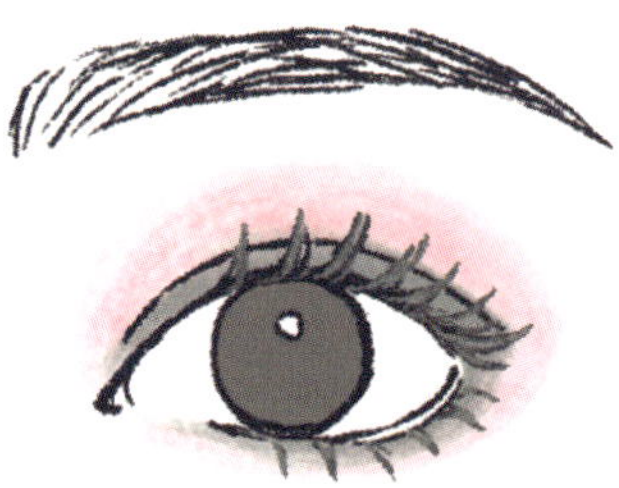

Lesson 38

ベージュ×黒のシャネル風配色はシンプルでモダンな組み合わせ

ベージュと黒の組み合わせは、ココ・シャネルがこよなく愛した配色としても有名です。コレクションにベージュを好んで使っていたココ・シャネルは、別名「ベージュの女王」とも呼ばれていたそう。

この配色のポイントは、ベージュのもつ穏やかさと黒の高級感で揺るぎない芯の強さを感じさせるところ。シンプルな組み合わせなので、その分チークで血色を足すのがおすすめです。アクセントに色っぽさも加わって素敵です。瞳の色が明るい人は真っ黒ではなくソフトブラックやブラウンブラックを選ぶなど明るくすると、瞳にも馴染みやすくなります。

また、合わせるファッションも、基本はベージュ×黒でまとめると、より洗練された印象になりますよ。少しあどけない印象を抱かれることもあるスプリングタイプが、大人っぽくしたい・かっこよくしたいというときにもおすすめです。

Color Combination

モード感のある組み合わせ。黒のアイライナーが少しきつい印象だなと思ったら、まつ毛の際に仕込む程度に細めに引いてくださいね。

Lesson 39

アンニュイな雰囲気を出したいなら くすみカラーで和テイストに

スモーキーなカラーでまとめた、今の時代にもぴったりの組み合わせ。くすみピンクやカーキ、グレイ、ベージュなどの中間色（くすみカラー）は、渋さや落ち着き、そしてつかみどころのないアンニュイさも出せます。目元にこなれ感が出て、おしゃれ上級者に見せることができますよ。和装にはもちろん、和風な柄の小物を合わせたときにもぴったり。

ちなみに、江戸時代にもこのくすみカラーは大流行した配色で「粋」と言われていたそう。幕府が贅沢を禁止するために出した、奢侈《しゃし》禁止令《きんしれい》が生んだ色合いなんです。派手な色、鮮やかな色の着物が禁止される中、茶色・鼠色・藍色はＯＫだったそうです。そこで、できる範囲でおしゃれをしようと、微妙な色合いの違いを楽しんだということです。江戸文化の粋な配色で遊んでみてくださいね。

Color Combination

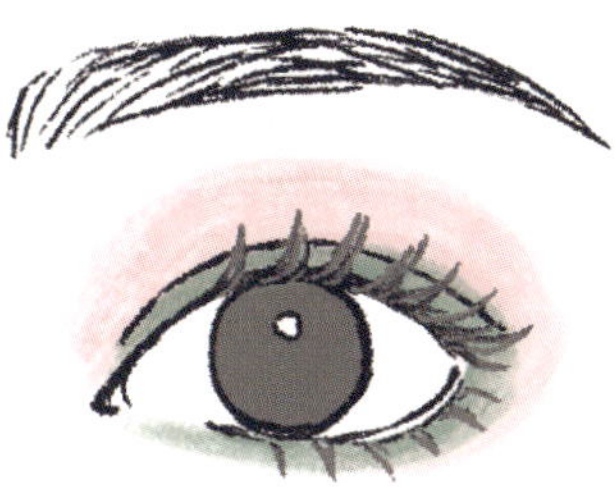

実は和装でも愛されている色。アンニュイな雰囲気や抜け感を出すことができる、くすみカラー配色です。

Lesson 40

アイシーブルー×ネイビーの爽やか&クールなクリア配色

ウィンタータイプの人からよく、「メイクが重たい印象になりがち」という相談を受けます。鮮やかな色や濃い色が得意だからこそ、春や夏になると「明るい色を使いたい」「どうすればいいか困る」なんてことも。そんなときは、透けるような爽やかさが魅力のアイシーブルーが◎。抜け感&クールさ&明るさがプラスされるので、ウィンタータイプの人におすすめです。

もし肌色が暗めの人でアイシーブルーが白っぽく浮いてしまう場合は、色の付かないクリアラメをベースにしてみて。

同じ色相の濃淡でまとめると失敗しにくく、色で遊ぶメイクをあまりしてこなかった人にも挑戦してほしい配色。ブルー系の濃淡の場合は、どちらも爽やかさや知性、清潔感を感じさせます。2色を重ねて使うことで、色彩心理学的にもクールな印象が強まります。

Color Combination

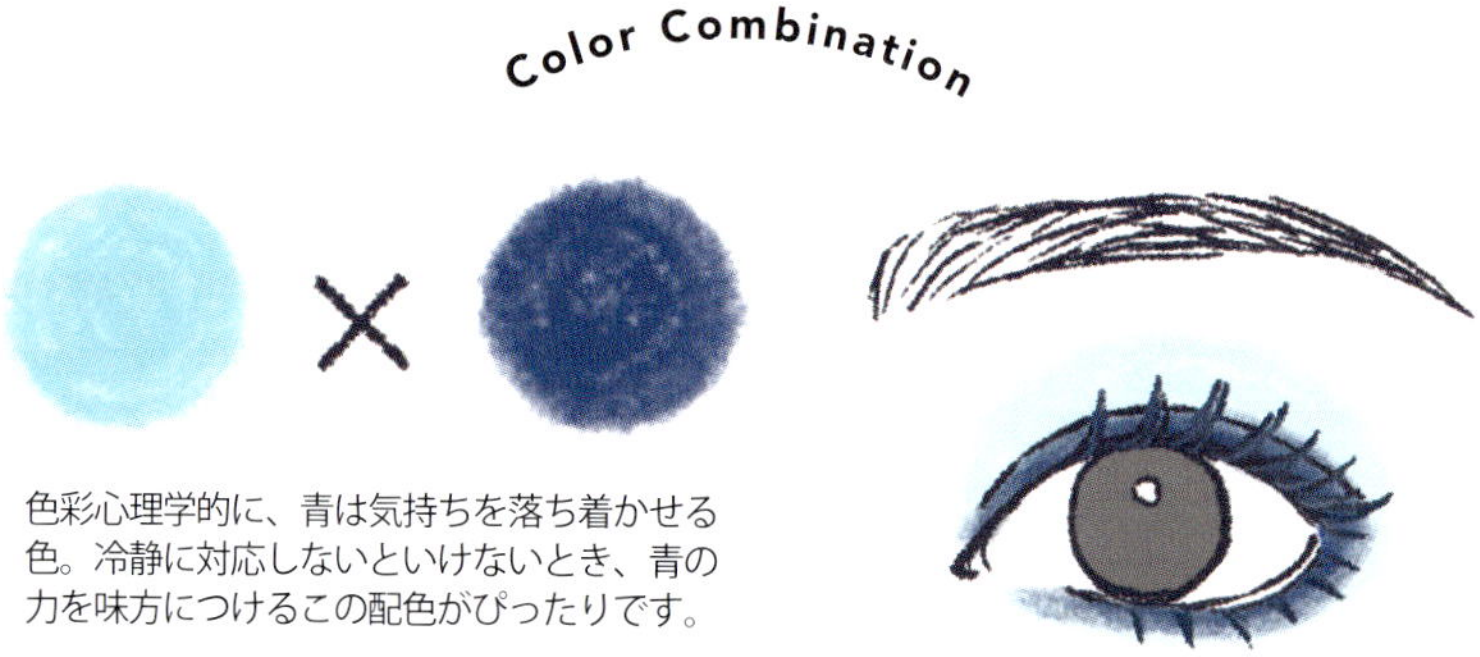

色彩心理学的に、青は気持ちを落ち着かせる色。冷静に対応しないといけないとき、青の力を味方につけるこの配色がぴったりです。

Lesson 41

ピンクベージュ×ネイビーはシーンを選ばないとっておき配色

ピンクベージュのアイシャドウは肌馴染みもよくて使いやすいため、毎日の定番という人も少なくないのでは？　プラスで少しメリハリをつけたいときにおすすめなのが、ネイビー。優しくやわらかいピンクベージュの印象はそのままに、ネイビーで引き締めます。強く見せたいときは、ネイビーの面積を少し多めにしてみてください。

この2色は、並べるとコントラストがつきますが、実はどちらもコーディネートの邪魔になりにくいベーシックカラー。どんなシーンでも合わせやすいため、ＯＮ・ＯＦＦを問わず使えておしゃれに見えやすく、いざというときに頼りになる配色です。ネイビーで知性と品のよさを感じさせつつ、ピンクベージュで女性のやわらかさをプラス。好感度抜群のカラーなので、ぜひお気に入りに加えてみてください。

Color Combination

ネイビーはほどよい抜け感とキリッと感が出せる色。ピンクベージュと合わせると、お仕事シーンにも合うので重宝しますよ。

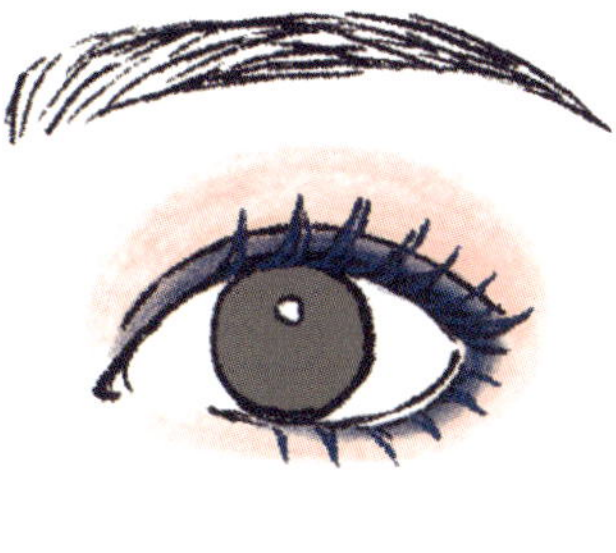

Lesson 42

ピンク系を組み合わせる甘くて優しいロマンティック配色

同一の色相で統一感を出す配色テクニックの1つが、ロマンティック配色です。可愛い・愛らしい・女性らしい、といったイメージが全面的に出ます。甘い色とはいえ、まとまりがあるので、奇抜な印象にはなりません。バランスが取りやすく、失敗しにくいところもおすすめポイント。デートの日や、甘いファッションの日にもいいですね。

よりロマンティックな印象に仕上げたいなら、コントラストをつけすぎないようにするのが◎。

ブルーベースの人は青みピンク、イエローベースの人は黄みピンクをベースにすると、肌に馴染んで美しく仕上がります。青みピンクの濃淡配色にすると華やかさが加わり、青みが強いほど大人っぽい上品な印象が強まります。黄みピンクの濃淡配色にすると、ぬくもりを感じる柔和な印象をプラスできます。

Color Combination

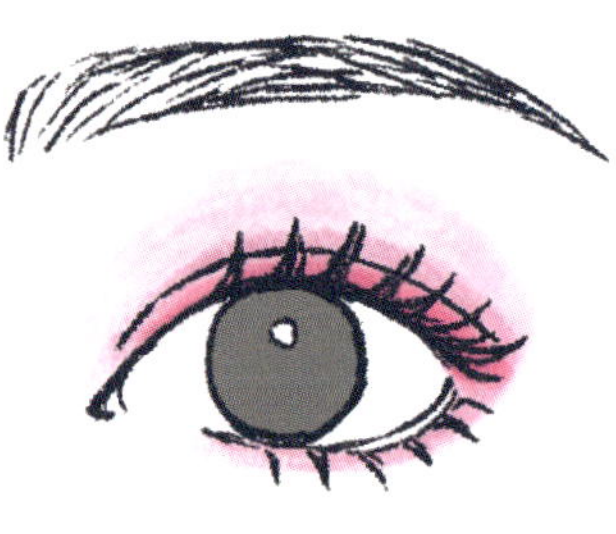

夜のデートなどには濃いめトーンでまとめると、大人っぽさや色っぽさが出ます。甘いピンクの魅力を楽しめますよ。

Lesson 43

イチョウ色×茶色×紅葉《もみじ》色で成熟した雰囲気の秋配色

この配色は〝実りの秋〟をイメージさせるような配色。成熟した雰囲気を感じさせて大人っぽい印象に。

色選びのコツは、全体を暖かみのある色でまとめること。あとはイチョウの葉のような黄色、紅葉のような赤など、鮮やかすぎないカラーを選べばＯＫです。

赤を使うことに勇気がいる人は、まずはクリームタイプのアイシャドウを使い、薄くのせてみてください。他に、アイライナーとして目尻だけに仕込んでみたり、マスカラとして使ってみたりするのも派手になりすぎないためおすすめです。

Color Combination

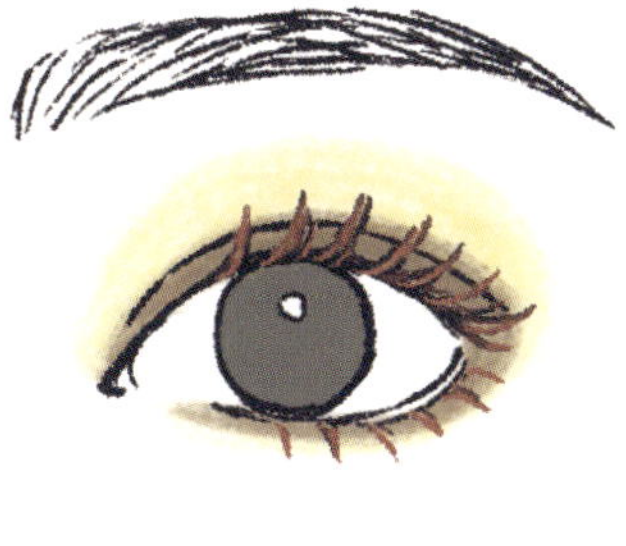

意外と挑戦しやすい配色です。ブラウンを濃いめにすればよりシックに、明るめブラウンにすればやわらかい印象になりますよ。

Lesson 44

オレンジ×ネイビーは特別な日や女子会にぴったり

補色の関係であるオレンジとネイビー。メリハリのある、個性的な配色です。コントラストがはっきりしているため、女子会など華やかな場にもぴったり。オレンジをアイホールにのせ、ネイビーをアイライナーとマスカラでプラス。暖色と寒色のコンビが目元をグッと印象的に仕上げます。

ブルーベースの人は、アイホールのオレンジを肌が透き通るくらいうっすらとのせて、シルバーパールやラメを上から重ねると悪目立ちせず使いこなせます。

目元の存在感が強くなるので、チークやリップはベージュ系に。目元のインパクトが強い分、とにかくふわっと仕上げるのがおすすめです。

Color Combination

色をのせる面積の比率は、オレンジ8、ネイビー2くらい。ネイビーを増やすと大人っぽく。オレンジを増やすとヘルシーさがUP。

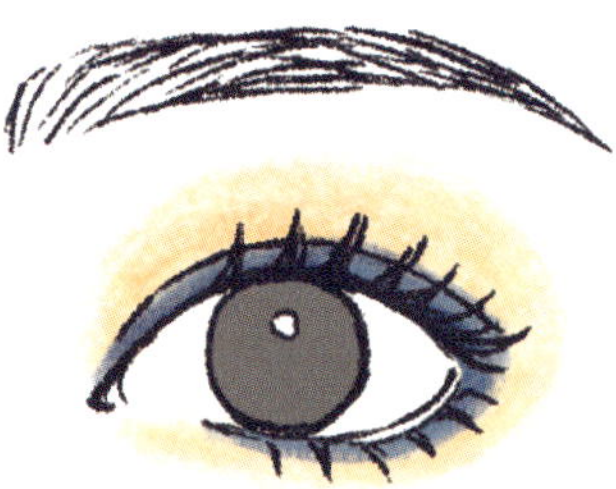

Lesson 45

黒い服の選び方にはコツがあって私も工夫しています！

黒い服ってみなさん１着は持っているのではないでしょうか？　ところが、大人顔やウィンタータイプの人しか黒は似合わない！　と思っている人も多いようです。

でも、工夫しだいで上手に着こなせます。

私はこども顔のスプリングタイプなので、本来、黒は工夫が必要なタイプ。ですが、パーソナルカラー診断をさせていただくときやセミナーのときは、服の色がお客さまの肌の色に映り込んで影響しないように黒を着ます。

スプリングタイプ、サマータイプ 、オータムタイプの人が黒を着る場合、顔周りを避けてボトムスや小物として取り入れるのは基本ですが、他にもシースルーのような軽い素材にするか、ノースリーブなどにして、黒の面積を狭くするのがコツです。顔の近くに黒がこないよう首が開いたものもいいですね。

私の黒い服 ワードローブ公開！

仕事もプライベートも、黒は好きです。この服は、こども顔でスプリングタイプの私もうまく着こなせるよう選んだもの。袖と胸元がシースルーになっているものなどは、黒の存在感を主張しすぎなくて便利ですね。

Lesson 46

デパートで理想のコスメと出合うためのコツを教えて!

せっかくデパートに行くなら、満足度の高いお買い物がしたいですよね!

ベースメイクを選ぶときは午前中にタッチアップをして仕上がりやもちのよさを確認することがコツです。おすすめは、比較的人の少ない平日の午前中〜午後3時。マスク生活のため見える範囲にしかタッチアップができなければ額だけでも自分でのせてみて、他の部分との差を見てみてください。

カラーアイテムに関しては、お気に入りのコスメを持っていき、“これよりも鮮やかなものが欲しい”“これよりも濃い色を探している”など、具体的に伝えると美容部員さんも提案しやすいです。結果、お気に入りの一品に出合えますよ。

私が美容部員として勤務していたときも、もっとお客さまとコミュニケーションを取って、よりお望みのコスメをご提案するにはどうすればいいのか、悩みました。美容部員さんも、あなたの話を聞きたがっているはず。具体的に伝えられるよう、ちょっぴり考えをまとめてから相談するのも手ですね。

第3章

顔型・パーツのバランス別、似合わせテクニック

こども顔・大人顔別のメイクテクニックや、
パーツのタイプ・配置などにより、
自分の魅力を引き立てるメイク法を解説。
基本の眉の描き方などの実践的な解説も盛り沢山です。

実はこれも似合わせ可能です！

こども顔・大人顔の悩み解消

ずっとやってみたかったメイクとファッション、こうすれば取り入れられる

Lesson 47

こども顔に、大人っぽい服とメイクを似合わせるコツは？

こども顔はカジュアルが得意。もし大人っぽい雰囲気を取り入れたいときは、部分的に大人要素を加えるのがポイントです。レザーアイテムを全身に……というように大人っぽいもので全身を固めてしまうと、顔がちぐはぐに見えてしまうので要注意。そこで、カジュアルなものをプラスして中和しましょう。スーツやジャケットなら、インナーを襟付きシャツではなくTシャツにしてみて。メイクはナチュラルすぎないように気を付け、きちんと感を強調します。ファンデーションはいつもより少しカバー力の高いものを選んで気になる部分を整

えたり、コンシーラーで色ムラを丁寧にカバーして全体は軽さを残すと◎。唇はリップライナーで輪郭を取り、口角までキリッと見せて、ちゃんと色付くリップを塗りましょう。眉は眉下のラインをしっかりと。眉尻を長めにしてキリッとした印象に見せます。よくやりがちなのが、アイシャドウをたくさん重ねて大人っぽくしようとすること。色をたくさん使うよりも1～2色にとどめて、丁寧なグラデーションにするのが◎。「きちんとメイクしています」という風に見せると、大人っぽさが出てコーデともマッチします。

こども顔を大人っぽく見せるには

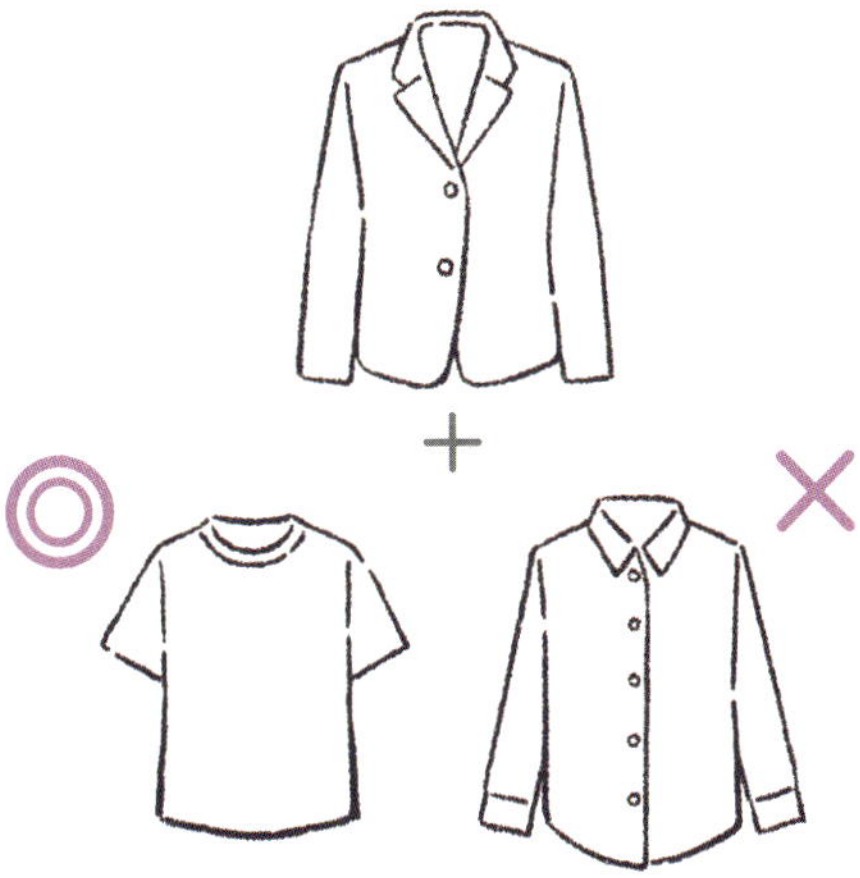

スーツスタイルならインナーを襟付きシャツからTシャツに。部分的にカジュアルなものを入れるのが、中和させるコツ。

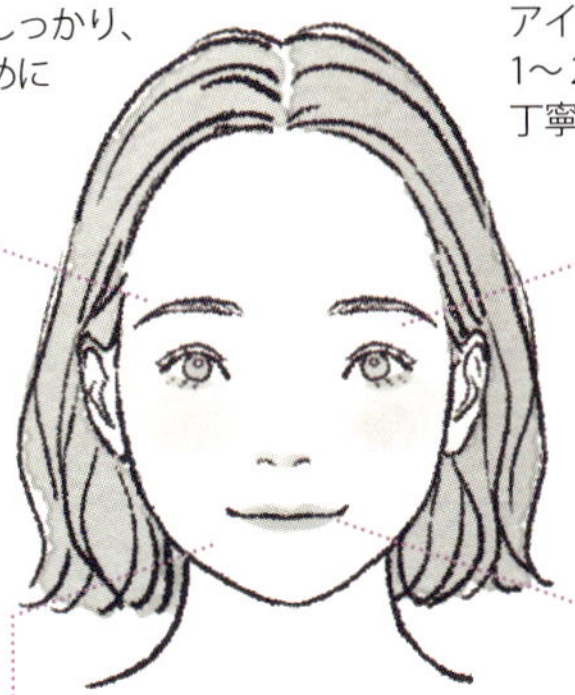

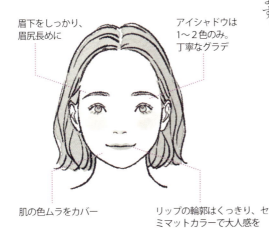

Lesson 48

こども顔を大人顔に近づける縦長見せベースメイクって？

こども顔を立体的に見せたいなら、ファンデーションを顔の中心部だけにのせ、外側は馴染ませるだけにするのがコツ。顔にメリハリと立体感が簡単に出せて、しかも小顔に見えます。

シェーディングを入れると不自然になりがちなのがこども顔。もし入れたい場合は、理想の卵形に近づけるために、いらない部分を削るように入れます。鏡を見ながら手で顔を包み込むと、卵形をイメージしやすくなります。手で包み込んでいた部分に影を入れればＯＫ。このとき、練りタイプのシェーディングスティックを使うと、こども顔特有のみずみずしい肌と馴染みますよ。色をのせるスタート部分は濃くなるため、髪の生え際から色をのせると、髪と馴染んで悪目立ちを防げます。鏡を離して見ると立体的に見えて、鏡を近づけてもシェーディングが入っているかわからないくらい薄付きにとどめると◎です。

Lesson 49

遠心顔をアイメイク＆チークで大人見せするコツは？

こども顔の特徴の1つが遠心顔。大人顔に寄せるには求心顔に見せましょう。目頭のアイシャドウを濃く入れることがポイントなので、チップやブラシで目頭側から目尻に向けて色をのせて。色は最初に置いた場所が濃くなるので、目の位置が中心へ寄っているように見えます。眉毛も1ミリくらい眉頭を足すと眉間が狭く見えてさらに効果的です。

チークは、基本は楕円形に入れますが、こども顔は丸顔の人が多いので軽く斜め上に向けて入れます。チークの外側が上がっていると、輪郭がすっきり見えて大人顔の印象に近づくためです。チークもアイシャドウと同様、最初にのせた部分が濃くなるので、顔の内側寄りからのせましょう。遠心顔であるこども顔の人が大人っぽくしたいときは、求心寄りになるよう中心を濃く。外側に向けて自然に入れるのがポイントです。

遠心顔を大人見せするには

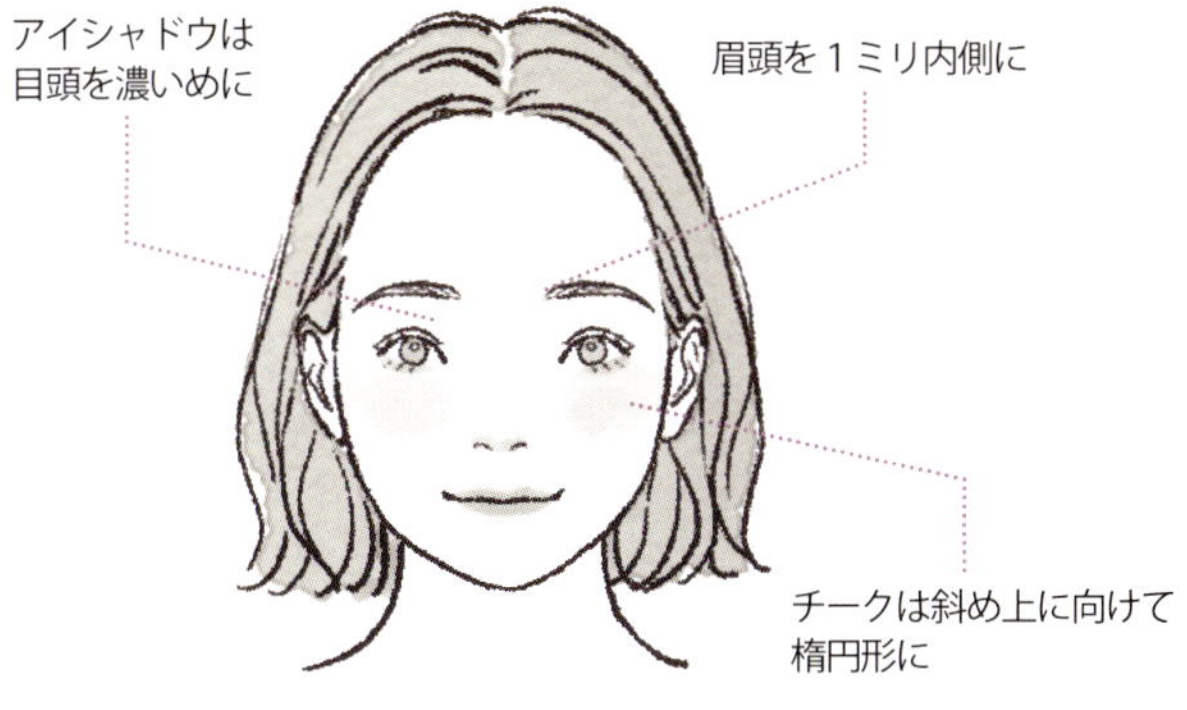

Lesson 50

大人顔にカジュアルな服&メイクを違和感なく似合わせるには?

大人顔はフォーマルが得意。もし、カジュアルな雰囲気を出したければ、部分的にこども要素を加えましょう。例えば、パーカにデニム、スニーカーと全身をカジュアルに振り切ってしまうのは違和感のもと。パーカ+デニムなら、足元だけはパンプスを履くなど、一部大人要素を加えてください。

カジュアルの代表格であるデニムは、こども顔の人が得意なアイテム。大人顔には、ダメージ加工よりもインディゴカラーや黒などのダメージがないデニムにして、きれいめカジュアルを目指しましょう。

立体感がしっかりある大人顔は、すっぴんでもメイクが3割は完成しているような状態。カジュアルにしたいのに全力でメイクをすると、やり過ぎ感が出てしまうことも。そこで抜け感を出すために、ふんわり軽めの仕上がりにしましょう。

ベースメイクは素肌からにじみ出るツヤを感じられるくらい、薄付きに見せるのが◎です。唇もナチュラル感を大切にして、シアーなリップや、色付きリップクリームを。チークにはクリームタイプを軽めにぽんぽんとのせて、ふんわり血色感を足します。眉毛はパウダーアイブロウをメインにしてくっきりさせず、アイシャドウも単色をふんわりのせるか、アイラインを引くだけでもOK。「きちんとメイク」が得意な大人顔にカジュアルを似合わせるには、ナチュラルかつ強さを抑えたメイクにするとバランスが取れますよ。

大人顔にカジュアルを似合わせるには

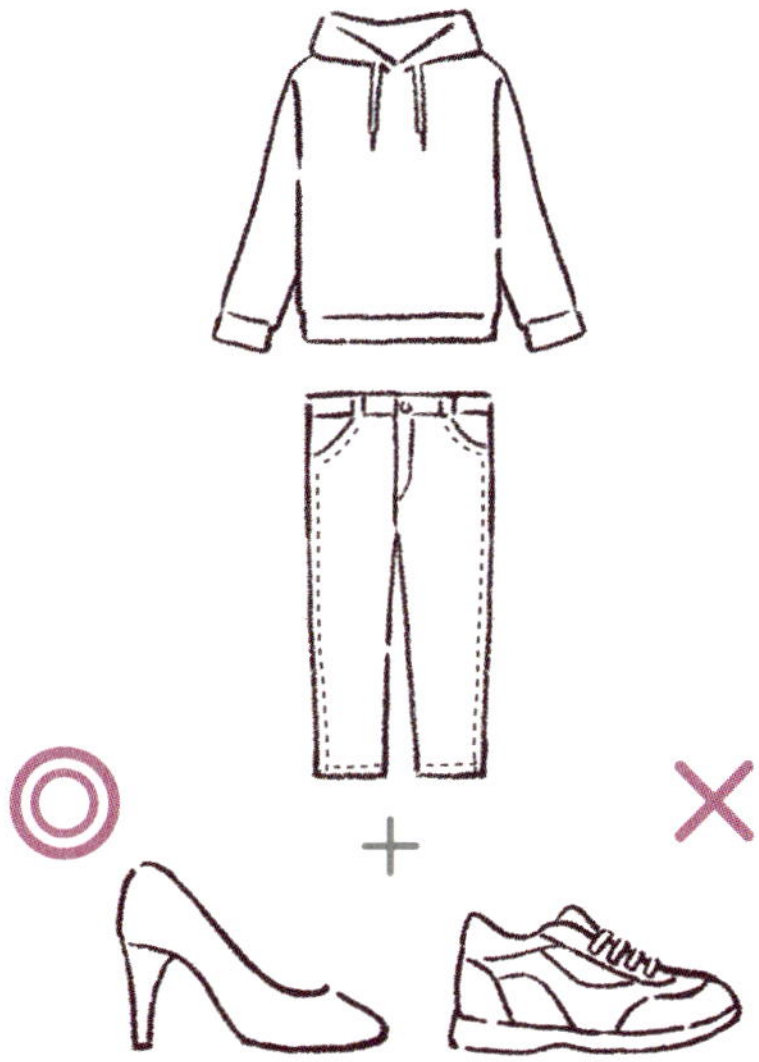

全身をカジュアルにするのはやりすぎ。スニーカーをやめてパンプスにすると、大人っぽさがプラスされてちょうどいいバランスに。

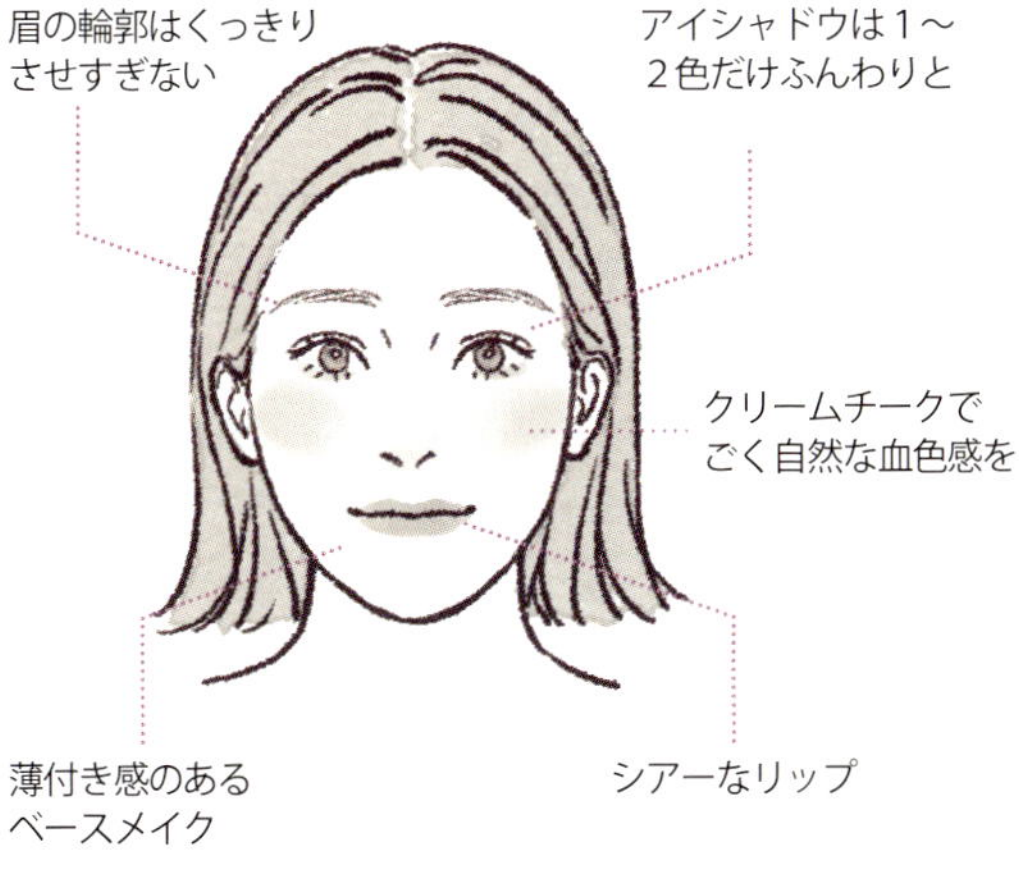

Lesson 51

大人顔のナチュラルメイク、手間をかけるべきポイントとは？

先ほど触れたカジュアル服を着るための「抜け感メイク」について。つまりナチュラルメイクなのですが、ナチュラル＝何もしない、ではなくきちんと感を仕込むことが大前提です。特に大人顔はナチュラルメイクが手抜きに見られがちなので意識してみましょう。

ポイントは３つ。①肌は薄付きに見せながらも「何もしない」ではなく、色ムラはしっかりなくす　②眉はふんわり感をキープしながらきれいに整える　③血色感を必ず出す。

ファンデーションは薄付きがおすすめですが、下地やコントロールカラー、コンシーラーなどで、色ムラをなくしてこそ大人のナチュラル肌に仕上がります。眉毛は生えっぱなしにして何も手を加えないと、一気に手抜き感が出てしまいます。長いところはカットして足りない部分は足すなど、フォルムを整えましょう。

血色感を出すためには練りタイプのチークがおすすめです。ふんわりと色付き、すっぴん感をなくすことができますよ。

Lesson 52

大人顔に、若さ・可愛さをプラスするアイメイクとチークのコツは？

求心タイプの大人顔に抜け感をプラスして、若さを出したり可愛さを演出したいときは、まず、アイシャドウは目尻にしっかり濃く。視線を外側に集めたいので、チップやブラシは目尻側から目頭に向けて動かします。色はやわらかな印象を出すために、比較的明るめの色を。ピンク系のものを選ぶとよいでしょう。眉頭は整える程度にし、眉尻をしっかり描き、１ミリ外側に長くすると遠心寄りに見せることができますよ。

また、大人顔にはチークを少し横長に入れて面長感を緩和しましょう。色は最初にのせた部分が濃くなります。濃い部分に目線は引っ張られるため、外側から内側へ向けて入れると◎。顔の中心にあまり色をのせないのが抜け感ややわらかい雰囲気を出すコツ。内側の色は薄くふんわりを意識することで、よりこども感を演出できて◎です。

大人顔に、若さ・可愛さをプラスするには

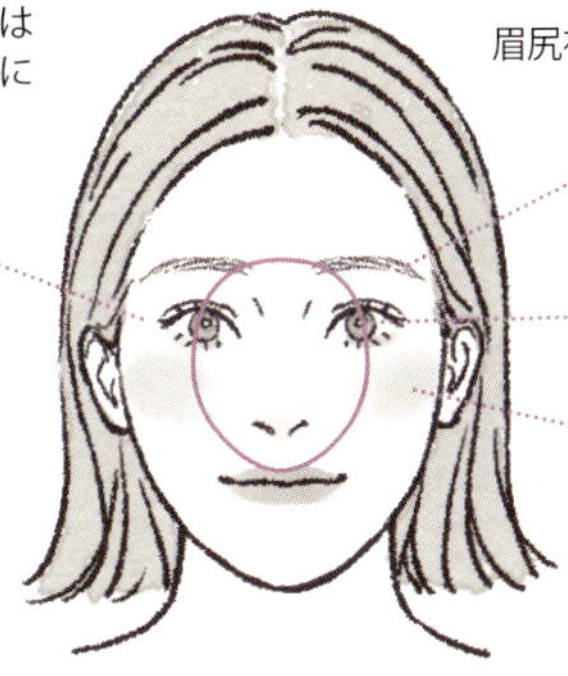
アイシャドウは
目尻を濃いめに
眉尻を１ミリ外側に長く
抜け感を出すためここに
チークは横長に外側を
やや濃く

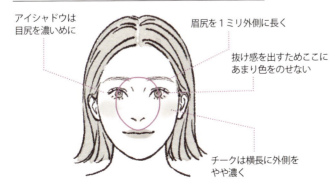

悩みゼロ！メイクでなりたい印象に

マスク時代の目元を際立たせるメイクテクニックと、顔印象を自在に変えるワザを公開！

Lesson 53

アイラインで縦幅を増すのは△ 輪郭を際立たせるのが◯

目を大きく見せようと、アイラインを太くして目の縦幅を増すと不自然になりがち。目のキワにごく細くまつ毛の隙間を埋めるように引いた方が、まつ毛が濃くなったように見えて輪郭が際立ち、自然と目が大きく見えます。色選びは、パーソナルカラーも大切ですが、瞳の色（カラコンの人はカラコンの色）に合わせると、自然な印象に仕上がりますよ。よくある失敗は、瞳の色が薄いのに真っ黒なアイライナーを選んでしまうケース。目の輪郭を黒で強調すると引き締まった印象となり、逆に目が小さく見えてしまうので注意。

どうしても黒を使いたいときは、細く細くまつ毛のすきまのみを埋めるように引くことを意識してくださいね。

ちなみに、ペンシルタイプだとやわらかい印象になり、こども顔に似合いやすいです。大人顔の人も、ソフトな印象に仕上げたいときにおすすめ。また、ペンシルはアイシャドウとも馴染みやすく、崩れても汚くなりにくい点も◎です。一方、リキッドタイプはキリッとした強さが出るため大人顔に似合いやすいです。こども顔の人がシャープな印象に見せたいときにもおすすめです。

目の輪郭をやわらかく際立たせるミディアムブラウン。キャンメイク クリーミータッチライナー 02 ¥715／井田ラボラトリーズ

深みのあるブラウン。フェルトタイプで使いやすい。THREE インディストラクティブル アイライナー 02 ¥3850／THREE

ゴールデンブラウンの輝きが美しい。THREE メズモライジング パフォーマンスアイライナーペンシル 07 ¥3300／THREE

Lesson 54

目を大きく見せるのは、下まぶたのアイシャドウ

下まぶたのメイクこそ、目を大きく印象的に見せるポイント。涙袋を作る目的以外にも、目の下のくすみを飛ばして明るく見せ、目元に視線を集めるために必須です。そこで肌馴染みがよく、肌よりもやや明るめのアイシャドウを下まぶたの定番として1つ持っておきましょう。イエローベースの人は明るめのベージュ系、ブルーベースの人はピンクベージュ系がおすすめです。試してみたとき白浮きして見える場合は肌馴染みのいい色にチェンジ。ライトカラーとミディアムカラーを混ぜて調整するのも手です。自然に仕上げるには、大粒のラメ入りは避けましょう。下まつ毛の長さを越えない幅でのせると、ナチュラルに仕上げることができます。小さめのチップやアイラインブラシのような先端が細いブラシを使うと、狙った幅だけにのせやすくなります。

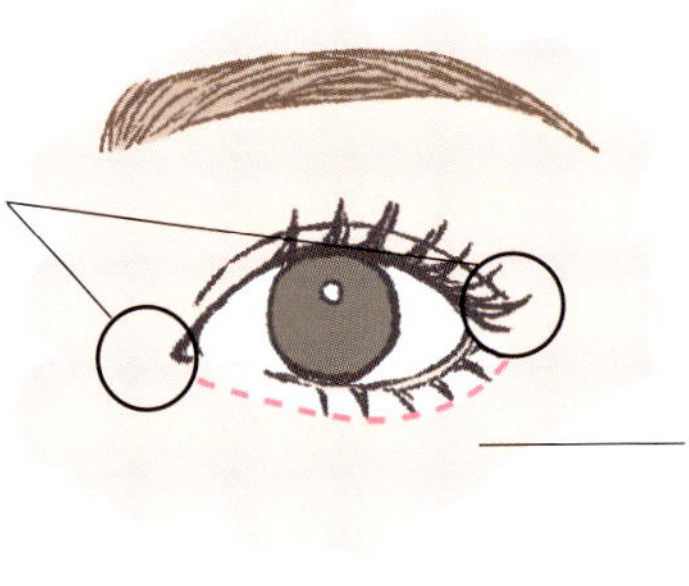

涙で目がにじんでしまう人は、目頭と目尻の一番端を避ければ崩れにくくなります。

ベージュ色を下まぶた全体に。下まつ毛の長さを越えない幅で入れるのが自然に仕上げるコツ。

最初にのせた部分が濃くなるため、目尻→目頭へとのせましょう。パウダータイプでサラサラに仕上げ、パンダ目を防いで。

Lesson 55

下まぶたのカラーアイシャドウ、どう入れると正解なの？

目元を明るく、目を大きく見せる下まぶたのアイシャドウの応用編は、使うことにちょっと勇気のいるカラーアイシャドウの取り入れ方。カラーは、事前に肌馴染みのよいベージュ系を入れた上に重ねていくこと。アイラインブラシで下まつ毛の際をアイラインのように細く引いてもいいですし、目尻からスタートして目尻側3分の1くらいだけのせてもOKです。

カラーを入れると、その部分に目が引き寄せられるので、頰の長さが短く見え、目の位置が実際より下にあるように錯覚させることが可能。おすすめは、ボルドー・ブラウン・ピンク系です。

最初は上まぶたと同じ系統の色を使って、慣れてきたら上まぶたと下まぶたの色を変えて楽しんでもいいですね。私はマスクや服の色と下まぶたの色をリンクさせています。トップスの色が黄緑なら黄緑を、マスクがピンクならピンクを使うなど色使いを楽しんでいます。

Lesson 56

アイライナー以外の力も借りて
パッチリ一重・奥二重に見せる

目を縦に大きく見せようとしてアイラインを太くすると、一重の人は目を閉じたときに不自然に見えやすくパンダ目の原因に、奥二重の人は二重の線が見えにくくなり、逆に目が小さく見えてしまうことも。アイライナーは、まつ毛の隙間を埋めるくらいにとどめて。アイシャドウの締め色と馴染む色のペンシルアイライナーも◎。基本的に縦幅を広げるのはマスカラと下まぶたのアイシャドウにお任せしましょう。

一重や奥二重の人が目を大きく見せるには、目の横幅をしっかり出して目を長く見せ、顔の余白を埋めることがポイント。アイシャドウの締め色をアイライン風に入れて、目尻より2ミリほど長く、上まつ毛を1本足したくらいにします。太さは一重の人は目を開けたときにうっすら色が見えるくらいまでに。奥二重の人は二重の線がつぶれない太さで、黒目の外側から入れると自然な仕上がりに。

奥二重

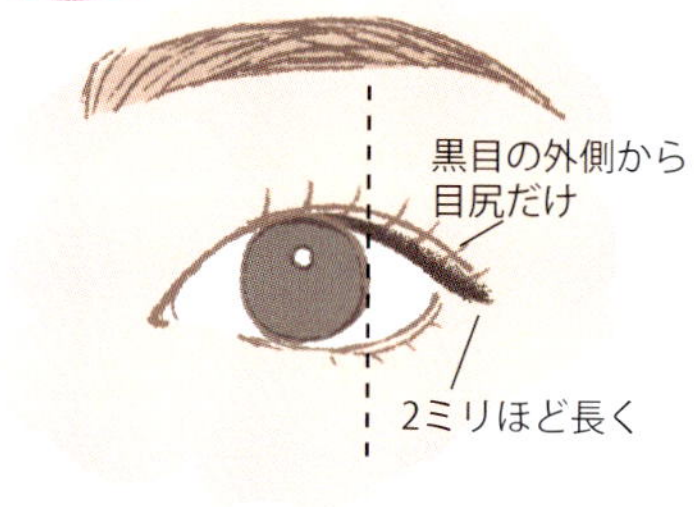

二重のラインがわからなくなるほどアイラインを太く入れると不自然な印象に。もとからある二重幅を生かし、可愛らしさを出して。

一重

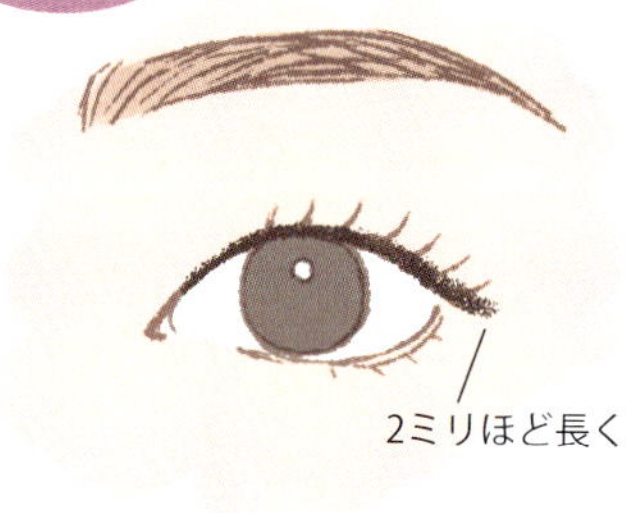

目尻を２ミリ長く。長すぎると違和感が出やすく、短すぎると見えなくなります。しっかり引くならリキッドよりもペンシルが◎。

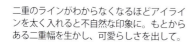

Lesson 57

一重さんの魅力を生かすのは真ん中濃いめのアイメイク

一重さんの魅力を発揮するコツは、膨張して腫れぼったく見えないよう、強いパールやラメを避けて、マットなカラーか、細かいパールをベースに使うことです。暖色系より寒色系の方が、より目元をすっきりと見せることができます。

まず、ベースカラーをアイホール全体か気持ち広めに。まぶたの上から眼球を指で触って確認すると範囲がわかりやすいです。次に、ミディアムカラーをベースカラーの縦幅の半分まで広げます。中央部分を濃いめにすると、瞳も強調されて目も大きく見せることができます。締め色をのせる幅は、基本は目を閉じたときに見える程度。しっかり色を見せたいときは、少し広めにのせましょう。

目力を強めるには、アイシャドウの締め色と近い色のペンシルアイライナーを太く引いて。にじんでも締め色と馴染むため、汚い崩れ方をしない、おすすめのテクニックですよ。

涼しげでクールな一重さんの魅力を生かそう

目を開けたとき、色が山なりに３層見えると◎です。まぶたの真ん中だけ濃くすると、黒目とつながって見えて目が大きく見えます。

Lesson 58

奥二重・二重幅が狭い人は目頭濃いめのグラデが◎

二重の幅をつい濃い色で塗りつぶしてしまいがちなのが、奥二重や二重幅が狭いタイプの人。でもこれ、もともとの二重幅が見えなくなってきつい印象となったり、目が小さく見えてしまうこともあるんです。そのため、アイシャドウの締め色は気持ち明るめを選ぶのが◎。

奥二重や二重幅が狭い人のアイメイクは、目頭濃いめのグラデがおすすめ。例えばアイホールにベースカラーを、ベースカラーの縦幅半分にミディアムカラーを入れたら、締め色は目頭のまぶたがかぶさっている部分に少し広めに入れます。目頭側が締め色、中心部がミディアムカラー、目尻側がベースカラーというグラデーションになり、印象深い目元が完成。

アイラインはまつ毛の隙間を埋める程度にとどめます。太く入れてしまうと、やっぱり二重の幅がつぶれて違和感が出やすいので注意してみてください。

奥二重・二重幅狭めの人は、可愛らしさを生かそう

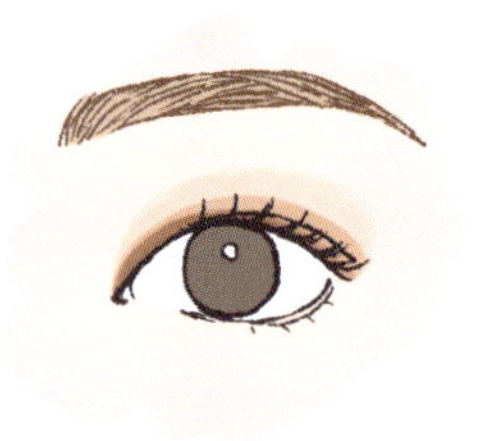

目頭を濃くして二重の線があるように見せると、目元の可愛さが際立ちます。太いアイラインを使わなくても目が印象的に。

色は、目頭側から入れていくと自然と目頭側が濃くなります。目の開閉を繰り返して、目頭側が濃くなってるか確認を。

Lesson 59

メイクをして時間がたつとパンダ目になりやすい人は

パンダ目の原因は、アイラインやマスカラなどと涙や皮脂が混ざり合って、メイクが崩れてしまうこと。目の下にフェイスパウダーをつけて、サラサラにしておき、崩れを防ぎましょう。マスカラを落ちにくくするには、トップコートを塗る他、まつ毛をビューラーで根元からしっかりカールしておけば、そもそも下まぶたに触れにくくなります。

目の形やまつ毛の生え方によってはまつ毛が下がりやすかったり、もともと涙が出やすくて崩れやすいという人もいますよね。その場合は、パンダ目ありきのメイクにしてみて。下まぶたにベージュやブラウンなどをのせておけば、崩れてきたマスカラやアイライナーの色が目立ちにくくなります。メイク直しのときにチップで馴染ませて、もともとこういうメイクだったように見せるのも◎。

Lesson 60

マスクライフの表情の決め手
眉をブラッシュアップして

眉は顔の印象を決める、一番大切なパーツ。マスク生活では、眉で表情を読み取ることも多いですよね。もしも眉をブラッシュアップできてない、と思っているなら、今こそ自然で魅力的な眉を描くテクニックを身につけましょう！

何よりも、表情に沿って自然に動くよう、骨格に合った眉毛を描くことが大前提。立体感とほどよい毛並みが大事になるため、自眉は生かすようにしましょう。本当にいらない部分だけをカットして、抜くのは控えて。理由は毛根がダメージを受けて生えてこなくなることがあるから。毛量感がある方が顔にメリハリが生まれるため、作り込みすぎないようにしましょう。

Lesson 61

交互に少しずつ描けば左右対称の眉になる

私のサロンでもよく話題にのぼる、「眉が左右対称にならない！」という悩み。いつもおすすめしているのは、左右を交互に少しずつ足しながら描くやり方。片方を完璧に仕上げてからもう片方を合わせるのはテクニックが必要なんです。そのため、まずは眉山〜眉尻を交互に描くようにすると、全体のフォルムが自然と決まり失敗しづらいです。左右どちらの眉からでもいいのですが、例えば、①右の眉山〜眉尻 ②左の眉山〜眉尻 ③右の眉山〜眉頭 ④左の眉山〜眉頭、という感じで描いてみてください。

私はいつも眉を7割まで完成させたら、アイメイクなどの別のメイクに移り、最後に眉を調整しています。眉にかかりっきりになると、こだわりすぎて抜け出せなくなりやすいからです。途中で切り上げて最後に眉に戻ってくると、冷静に見ることができてバランスがつかみやすくなりますよ。

眉の一本一本を描き足せる極細芯タイプ。アディクション アイブロウ ペンシル 02 ￥3300（セット価格）／アディクション ビューティ

髪の色に合わせたり、なりたいイメージを表現できる５色がセット。イプサ アイブロウ クリエイティブパレット ￥4620／イプサ

Lesson 62

正面だけ見て眉を描くのは×鏡でとにかく全角度から見る！

眉メイクをブラッシュアップするには、まず、ペンシルとパウダーの合わせ技で描くことです。毛のまばらなところも毛が生えているように見せられますし、ふわっと自然に仕上がりますよ。色はどちらも瞳と髪の中間の色を選びましょう。

過去に眉を抜きすぎてしまって、ペンシルだと眉色がのらない人は、ペンシルの代わりにリキッドを使ってください。コツは前のページでお伝えした、左右交互に描くことのほかに、少し描くたびに鏡を離して、全体を確かめることです。顔のサイドも鏡でこまめにチェックしてください。サイドが陰になってよく見えず、しっかり描けていないということを防げます。正面の鏡を見て集中していると、眉が内側に寄ってしまいがちなので、ほんの少し外側に描くよう意識するのもポイント。

最後に、鼻の穴をのぞき込むようにかなり下に鏡をあてて、色がのっていない部分がないかを確認します。この角度だと、眉骨に沿ってしっかり描けているかチェックしやすく、眉頭から眉尻までのバランスも確認しやすいです。

ここでは右から描いていますが、左から描いても構いません。

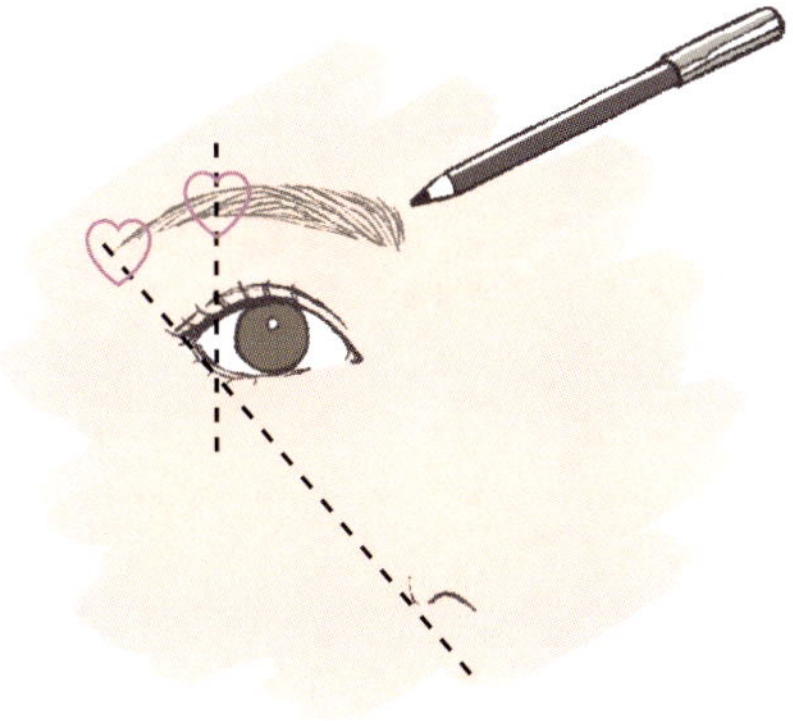

①眉山と眉尻の位置を確認。眉山は黒目の外側と目尻の間、眉尻は小鼻と目尻を結ぶ線の延長線上に。ペンシルで印をつけておきます。

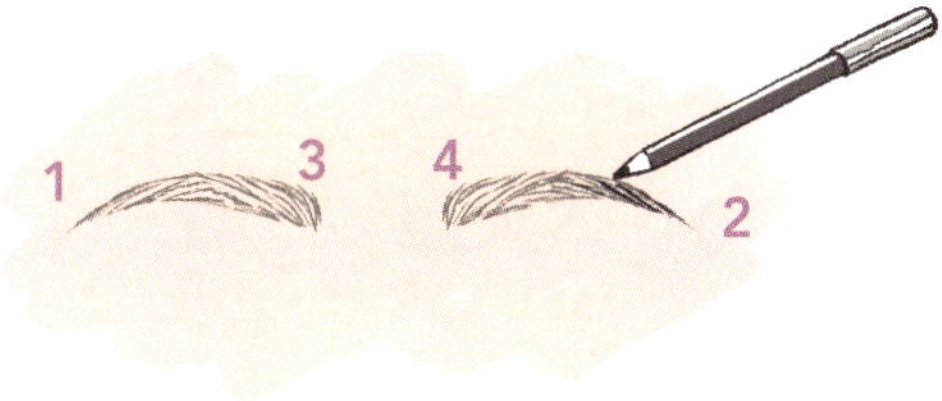

②一本一本足すようにペンシルで描く。1.右の眉山～眉尻 2.左の眉山～眉尻 3.右の眉山～眉頭 4.左の眉山～眉頭と左右交互に少しずつ描いて。

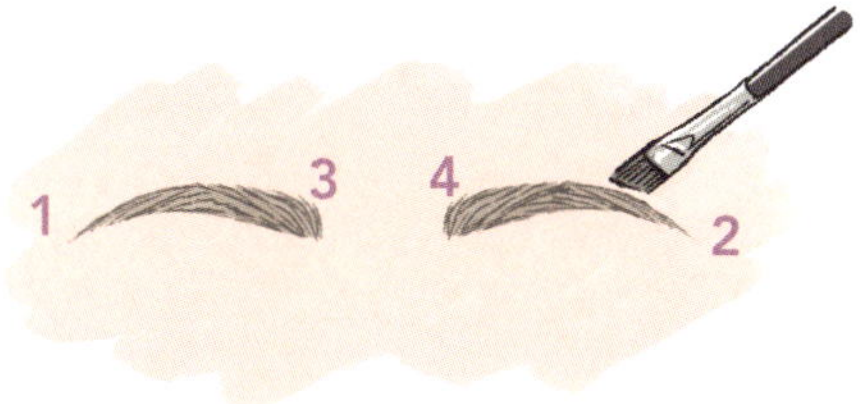

③数字の順にパウダーをのせて。眉尻～眉山に毛が少ない人は、スタンプを押すようにぽんぽんと置くと、自然な立体感が出せます。

Lesson 63

濃さ・太さ・アーチ・長さ
眉を変えて、印象を自由自在に！

眉は顔の印象を決めます。基本の眉バランスをマスターしたら、次は印象をあやつりましょう！　大人っぽさ、こどもっぽさをプラスすることもできます。基本の眉の形をベースに、なりたい雰囲気に合わせて変えるのもいいですね。

濃さ　濃いと意志が強い、かっこいい、ハンサム、大人っぽい印象に。薄いと可愛らしさややわらかさ、優しさ、こども顔寄りの印象となります。

太さ　基本は目の幅の3分の1～半分くらい。基本よりも太いとナチュラルでこどもっぽい印象に。細いと大人っぽさやきちんと感、上品さを出せます。

アーチ　基本は黒目の外側～目尻の間を眉山に設定して、自然なアーチに。基本よりも直線的だとかっこよくてハンサムな印象。曲線だと可愛らしくこどもっぽい印象に。角度が急だときつい印象に、水平に近いと穏やかな印象に。

長さ　基本は小鼻と目尻を結ぶ線の延長線上。それよりも長いと大人っぽく、短いと若々しい（こども）印象に。長さを2ミリ以上変えると違和感が出やすいので注意して。

眉の印象マトリックス

短め

爽やか

ストレートに描くと、
クールな印象がプラス。
カジュアルな服装にも
よく似合う眉です。

可愛い

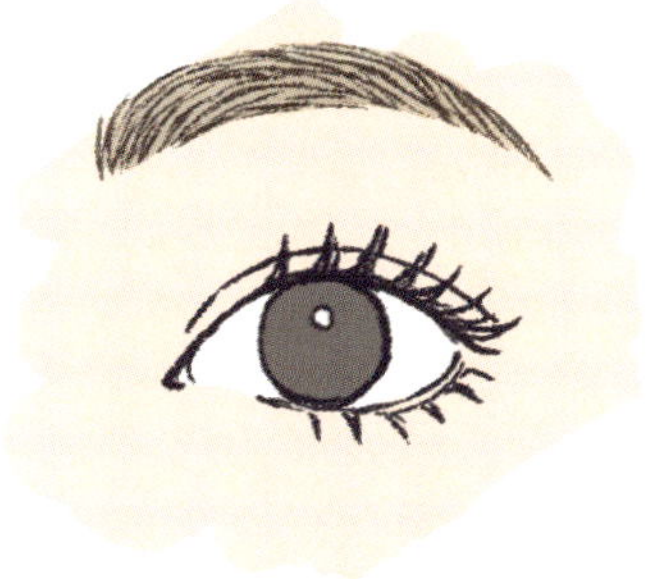

アーチ×短めは女性ら
しさが出ます。あどけ
なさもプラスされるた
め、やわらかい印象に。

シャープ ← → アーチ

ハンサム

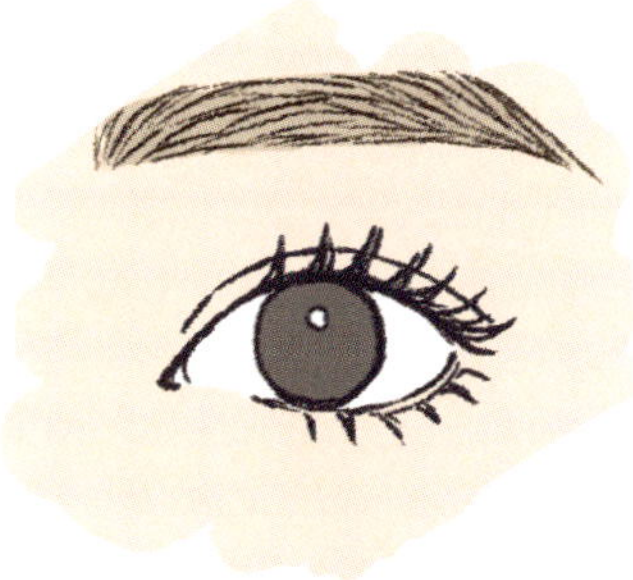

できる女感が一番出る
眉がこちら。発言力を
強めたいときに眉の力
に頼ってもいいかも！

上品

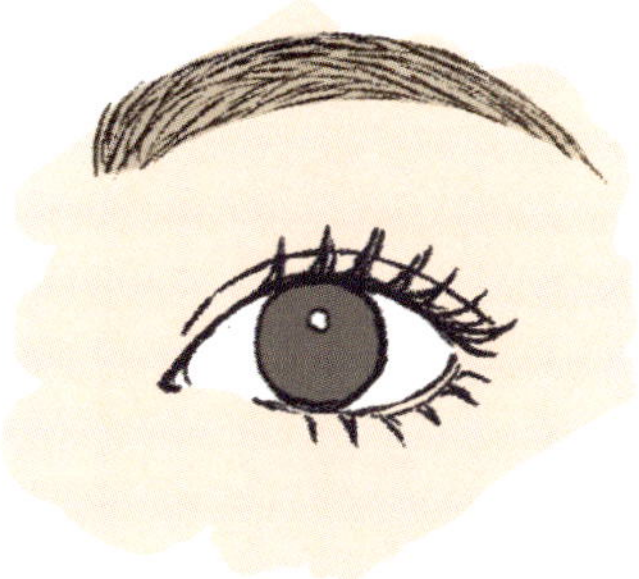

アーチ×長めだと大人っ
ぽい品のある印象に。
キリッとしたお仕事モー
ドにぴったり。

長め

Lesson 64

唇の形やタイプに合わせて リップ選びや塗り方を変えてみる

リップはパーソナルカラーで選ぶだけでなく、唇のタイプで選ぶのもいいですね。目の錯覚で唇の印象を変えてみましょう。唇をふっくらと見せたいなら、膨張色である淡い色やシアーなグロスがおすすめです。唇を小さく薄く見せたいなら、収縮色である濃い色やマット系の色を選んでください。

唇が厚めで横幅がないタイプ シアーな色を選んでツヤを足すと、ふっくら存在感が増します。リップライナーで横長に描くことで横幅があるように見せることもできます。マットタイプのリップを使う場合は横幅が引き締まって見えてしまうので、濃い色は避けましょう。

唇が厚めで横幅があるタイプ 存在感があるので、リップはマット系や少し濃いめの色を選んでみましょう。濃い色を使うと唇が目立ちすぎてしまうのでは？ と思うかもしれませんが、引き締め効果によってキリッとした口元になります。質感はツヤよりもマットタイプの方がより引き締まって見えます。リップライナーで唇の輪郭を強調すると、さらに引き締め効果がＵＰします。

唇が薄めで横幅がないタイプ 唇の存在感を増したい場合は、膨張色を選びます。淡い色のシアー系や、明るめの色を塗るとふっくらして見えます。マット系や濃い色を使うとより薄く小さく見えるので、避けた方がいいかも。

唇が薄めで横幅があるタイプ 縦のふくらみを足すとしたら、淡い色がおすすめ。膨張して見えるクリアなものやパールの含まれたものを使うとより◎。濃い色やマットなものは薄さが強調されるため、使うときはシアーな色を選ぶといいですね。

Lesson 65

たぬき系タイプをクールな印象にシャープさをプラスするメイクとは？

丸みのある輪郭、鼻も丸みを帯び、たれ目で愛らしい雰囲気。どちらかというと、こどもっぽさのあるたぬき系タイプ。モテ要素いっぱいですが、甘すぎて嫌という人もいるのでは？　キリッと見せたいときは顔周りに直線の要素を入れて、丸い印象を緩和しましょう。例えば、髪をウェーブではなくワンカールのボブなどにすれば直線の印象がプラスされます。

ファンデーションは少し暗めを選ぶと引き締め効果があり、輪郭の丸さが目立たなくなります。たれ目を切れ長に見せるために、目尻のアイラインを跳ね上げたり、眉毛をアーチではなくシャープなフォルムにしたりするのもおすすめです。鼻筋にハイライトを入れるのも鼻の丸さを緩和できます。唇はリップライナーで輪郭を強調して山の部分もしっかり描いて。チークは横長に入れるよりも、少し斜め上に向けた楕円形の方が、輪郭をシャープに見せてくれます。引き締まって見えるブルーやネイビーのアイシャドウを使ってクールさをプラスするのもいいですね。

Lesson 66

たぬき系さんのたれ目の解消は 目尻上のアイシャドウをしっかりと

親しみやすさや可愛さ、愛嬌を感じさせるたれ目さん。しかし、こどもっぽく見えてしまうというお悩みも。大人っぽい雰囲気やクールな目元にしたい場合は、目尻の上側に視線が集まるアイメイクをすると、シャープな印象になりますよ。

アイシャドウを目尻側が濃く縦幅が広くなるようにのせると、視線が上に引っ張られます。跳ね上げアイラインを足しても◎。下まぶたには肌馴染みのいいベージュを仕込む程度にして視線が集まらないようにします。

たれ目さんは目尻のまつ毛をしっかりビューラーで上げて、マスカラも目尻側を多めに塗るとシャープな印象になってキリッと見えます。

Lesson 67

きつね系タイプに丸みをプラス ほんわか見せるメイクとは？

シャープな輪郭、鼻筋も通り、つり目でかっこいい雰囲気。どちらかというと大人っぽさのあるきつね系さんですが、やわらかな印象や可愛らしい印象に見せたいときもありますよね。そんなときは、どこかに曲線の要素を加えるのがおすすめです。

ベースメイクにはパール系の下地を仕込むと、膨張して見えて丸みを演出できます。下まぶたにベージュなどやわらかい印象の色をのせて、たれ目風に。上まぶたにはピンクなどの可愛らしい色を。眉毛は無理に形を変えなくてもいいので、アイブロウパウダーだけで仕上げると、ふんわり曲線感を演出できます。

唇は膨張して見える、明るめのツヤのあるものに。チークは気持ち横長で頬全体にふんわり薄くのせると、丸みを加えることができます。

Lesson 68

きつね系さんのつり目解消には下まぶたの目尻がポイントです！

キリッと大人っぽい雰囲気のきつね系さんですが、いつもクールに見えてしまうというお悩みもあります。優しい感じや親しみのある雰囲気を出すには、目尻側3分の1にアイシャドウの締め色をぼかしてみて。下まぶたの目尻にうっすらと影っぽさが生まれて、たれ目に近づきます。使う色は肌馴染みのいいベージュ系やグレー系、ブラウン系がおすすめ。アイラインだと濃くなりすぎて影っぽくならないため×です。

マスカラも下まつ毛の目尻にしっかり塗りましょう。上まつ毛は、目尻をビューラーでグッと上げてしまうときつい印象になってしまうため、ビューラーは使わずに、まつ毛1本1本をセパレートしてくれるタイプのマスカラを下の方に向けて軽く塗る程度にとどめてくださいね。

Lesson 69

リモートDAYの画面映えメイク力の入れどころはどこ?

リモートワークのビデオ会議などの際、パソコンの画面越しだと暗く映るということもあり、メイクの色みが伝わりづらく、メリハリがない顔に見えてしまいがち。しかし、パソコンの画面越しでも、きちんとした印象に見せたいですよね。

ポイントは、アイメイク・リップを普段よりはっきりめに仕上げること。輪郭を際立たせるよう意識してください。

アイラインは、ダークブラウンやブラウンブラックでくっきりと。まつ毛もビューラーでしっかり上げて、ロング&セパレートタイプのマスカラを塗り、上品で長く伸びたまつ毛を作りあげて。唇はちゃんと色付くリップ+リップライナーでキリッと整えましょう。チークで血色感を出すことも忘れずに。

リアルで会うときよりも、色がしっかり見えないのを逆手に取って、アイラインにボルドーやネイビーを使ったり、普段とは雰囲気の異なるメイクにチャレンジするのもおすすめです。

また、日中のビデオ会議は場所選びも重要。窓の近くで行った方が、肌がふんわりきれいに映ります。

夜は部屋の照明だけだと肌の色も暗く見えがち。日中以上にポイントメイクを鮮やかにしてあげると◎。顔に不要な影を入れないために、前髪は斜めに流すか額を出すことで表情もしっかり見えて好印象ですよ。

画面越しでも生き生きした表情を演出。B.A カラーズ コレクティッド カラースティック リップカラー・ブラッシュ EA ¥4620／ポーラ

スティック状チーク＆ハイライト。オイルのツヤで画面映えする肌に。ディエム クルール グローブラッシュスティック ¥4180／ポーラ

じんわりと血色感を出すローズレッド。ノンパールで使いやすい。オサジ ニュアンス フェイスカラー 05 野ばら ¥2750／OSAJI

30歳からの大人向けメイク

シワやたるみ……肌変化の起こりやすい30代。正しく対応するポイントは？

Lesson 70

目尻・小鼻横・口角　この3か所の補整で明るい印象に

年齢を重ねていくと顔のパーツや肌は少しずつ重力の影響で下向きになり、顔も影ができやすくなります。わずかな変化が見える30歳からはくすみカバーをマスターして、大人のきちんと感をキープしましょう。

特にくすみやすいポイントは目尻・小鼻横・口角の3点です。朝、ここをコンシーラーで補整しながらメイクを仕上げると、肌がぱっと明るく見え、気持ちのいい一日のスタートが切れます。

もし夕方に肌がくすんで見えるとしたら、大きな原因は〝乾燥〟か〝冷え〟

か〝過剰な油分〟です。乾燥してハリをなくした肌は、光をあまり反射できないのでくすんで見えてしまうことも。30歳を越えたら、メイクのお直しを今までよりも丁寧に行いましょう。おすすめのお直しアイテムは、スプレータイプの保湿美容液です。顔からやや離してスプレーしたら三角折りしたティッシュで軽く押さえ、水気を取り除きます。上から薄付きのコンシーラーと、トーンアップ系のフェイスパウダーを重ねればとっても簡単にお直しが完成します。冷えが原因の場合は、首や手首、足首など外気に触れている太い血管のある部分をしっかり温めてくださいね。

皮脂の分泌が盛んになる夏は、皮脂をコントロールする下地を部分的に仕込んで、過剰な油分を抑えるように対策してください。

透明感まで引き出してくれるコンシーラー＆ハイライター。イヴ・サンローラン ラディアント タッチ 2 ￥5500／イヴ・サンローラン・ボーテ

カバー力が秀逸。ローラ メルシエ シークレット カモフラージュ ブライト アンド コレクト デュオ 2N ￥4070／ローラ メルシエ ジャパン

Lesson 71

老け見えの原因は鼻周り！パウダーで上向き補整を

30歳くらいから、なんとなく肌のたるみやゆるみを実感する人は多いと思います。人は年齢を重ねていくと顔の下半分が伸びた状態になっていきます。鼻の下が今よりも長くなり、小鼻も広がりやすくなります。この鼻周りの変化は、早めに対策しておくのがポイント。毎日のスキンケアでは、唇をしっかり保湿して、ぷっくりツヤツヤの唇を維持して。

日ごろのケアをしても、やっぱり気になるという人には、今後ずっと使えるテクニックを紹介しますね。

鼻の下を短く見せるには、リップをオーバー気味に描くのも1つの手。濃い色ではなく明るい色の方が唇がふっくら見え、鼻の下の余白を埋めてくれます。あとは影を仕込む方法。使うアイテムは、アイブロウパウダーの一番明るい色。肌の色よりも少し暗いベージュで、鼻筋の横と小鼻のふくらみ、鼻の下にふわっと少し影を入れましょう。

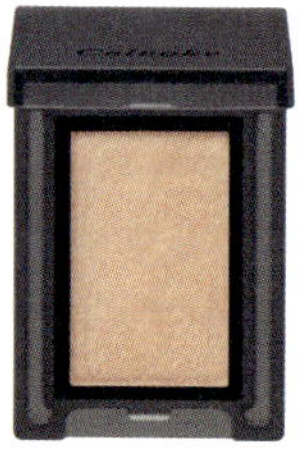

肌に溶け込むマットベージュのアイカラーを鼻周りに使っても◎です。セルヴォーク ヴォランタリーアイズ 08 ￥2200／セルヴォーク

一番右の抜け感のあるベージュが、肌にしっくり馴染みます。SUQQU 3D コントロール アイブロウ 02 ￥7150／SUQQU

Lesson 72

マスクコーデを楽しんで おしゃれの幅を広げてみて！

マスク生活が長く続いています。そんなときだからこそ、小物を選ぶ感覚でマスクも楽しく選びたいですよね。私のマスクコレクションはマスクスタンドに８色並んでいます。毎日コーディネートに合わせてマスクを選ぶのもワクワクする時間の１つになりました。マスクは顔の面積の多くを占めるため、基本的にはパーソナルカラーに合うものを選ぶと、顔色をよく見せてくれます。ただ、洋服とのリンクもポイントなので、クローゼットを見て、自分が持っている服の色で多いものを買うと合わせやすいと思いますよ。

私もその日のマスクを選ぶときには「洋服」や「アイメイク」とのリンクを意識しています。リンクを意識したら、その日行く場所のことを考えて、最終決定！　マスクも顔の一部。自分の印象を左右するので、TPO も考えて選びましょうね！

気分まで変わります！ 私のマスクコレクション

一番のお気に入りは、打ち合わせなどでも華美すぎず、かといってシンプルすぎないベージュです。カラー診断のときは、色が映り込まないよう黒を着るので、マスクも黒に。ワンポイント入りも可愛くてつい買っちゃいますね。

Lesson 73

似合うを徹底するとマンネリに？自分らしさをプラスしてみて

「自分に似合うもので固めすぎると、マンネリを感じるんです」という悩みをよく聞きます。

私自身はこども顔のスプリングタイプ。しかし、クール寄りのコーディネートが好きなので、ベージュのトップス×ブラックのタイトスカートを選ぶことも。顔の丸みを目立たせないために、ワンレングスでおでこを出し、眉毛をキリッと描いてかっこいい雰囲気を楽しんでいます。

スプリングタイプはキラキラで可愛い、ウィンタータイプはクールでかっこいい、というイメージはありますが、スプリングタイプに似合う色の中にも大人っぽい色、クールに見せる色があります。ウィンタータイプに似合う色の中にも可愛い色はあります。基本をマスターしたら、次のステップとして、新たなスパイスを取り入れてみてください。

第4章

Ayannu

あやんぬ流
スキンケア＆ベースメイク

肌の土台をしっかり整えて美しく保つポイントを紹介。
くすみや毛穴のケア、ベースメイクを
自然に仕上げるコツなど、
ちゃんと知っておきたい情報が満載です。

スキンケアを見直して美肌になる

正しい知識で最適なスキンケアを習慣にすれば、きっと肌が変わります

Lesson 74

自分の肌に合うスキンケア選びのポイントは？

化粧水や美容液、クリームなどは、肌状態を考慮しつつ、美白や保湿など自分の目的に合ったものを選べば、目指す肌に近づきます。肌状態は季節によって変わりやすく、日々のストレスからも影響を受けるといわれているので、毎日肌を観察するクセをつけると◎。洗顔後の素肌をチェックするのを忘れないでくださいね。肌が乾燥していると感じたら乾燥対策を、テカっている部分と乾燥している部分が混在しているなら、混合肌対策をしてみてください。

肌状態がわかったら、次は「どんな肌悩みを解決したいか」を考えます。洗

顔直後なのに肌がくすんでいる、毛穴が気になる、シミが目立つなど、改めて観察すると、何を改善すべきかが見えてきます。

さて、実際にどんなスキンケアを使うか考えるとき、大切なのは優先順位をつけることです。「美白もニキビも毛穴目立ちも」と思う気持ちはわかりますが、まずはどこに一番重きを置きたいかを考えて、1つずつアプローチしていくのが◎。

スキンケアはできればサンプルからスタートしてください。一気に全部を変えると、何が合っていて何が合わなかったのかわからなくなってしまうので、1つずつ試して判断しましょう。

Lesson 75

肌の調子を決めるのは クレンジングと洗顔

みなさんはその日のメイクの状態や濃さに合わせてクレンジングを選んでいますか？　クリームやジェルは比較的肌に優しくメイクを落とせるので、ナチュラルメイクを落とすときにおすすめ。オイルやリキッドは素早くしっかり落とすことができるため、がっつりメイクの日に向いています。

洗顔料は肌の状態で選びましょう。乾燥が気になる日と、毛穴目立ちが気になる日で使うものを変えるのもおすすめです。

毎日の汚れをしっかりと落とせていなかったら、どんなにスキンケアを頑張っても効果を体感できません。落とすケアをぜひ見直してみてくださいね。

Lesson 76

エイジングケアのスタート、何歳からが理想的？

とてもよく聞かれるのが「エイジングケアをいつ始めればいいのか？」という質問です。個人差はありますが、ずばり、目安は30歳。肌のターンオーバー期間が長くなってくすみを感じたり、ハリのなさを実感してきたら、早めにエイジングケアをスタートさせましょう。

まずは、守りのケアとしてメイクをしっかり落とすことや、保湿・紫外線対策を丁寧に行うこと。攻めのケアとしては、エイジングケアコスメを投入してください。私自身は、20代後半にアイクリームからエイジングケアをスタートしました。目元や口元など、年齢を感じさせやすい箇所から少しずつ取り入れてみると、効果を実感できると思います。

Lesson 77

くすみの意外な原因を知って正しい対策をしよう！

年齢を重ねると気になる肌のくすみですが、紫外線ケアをしていても改善しないことがあります。その意外な原因は大きく3つ。自分に合った対策を取り入れましょう。

血行不良によるもの 運動不足や冷えが大きな原因。日常の中で歩く時間を増やしたり、筋トレを習慣にしたりしてください。入浴は湯船に浸かり、体をよく温めましょう。

乾燥によるもの 保湿不足もくすみの原因の1つ。クレンジングや洗顔から見直しつつ、化粧水や美容液も保湿効果の高いアイテムを取り入れましょう。

角質肥厚 ターンオーバーのサイクルが長くなることが原因。酵素洗顔やピーリングなどの角質ケアアイテムを投入しましょう。過剰な摩擦も角質が厚くなる原因になるので、手で強くこすらず、優しくスキンケアするよう心掛けて。

Lesson 78

くすみが晴れて幸せ顔になるスキンケア中の簡単マッサージ

くすみ対策にもなる、静脈&リンパの流れに沿ったマッサージを紹介します。滞っている老廃物の排出を促進できます。スキンケア中にやってみてください。

おすすめのマッサージ方法

右側を先に❶～❻まで行い、その後左側を行ってください。

❶鎖骨の上下を外側から内側に向けて3回さする。
❷耳の付け根の後ろから、耳の骨に沿って上から下へ3回なでる。
❸耳をぐるぐると大きく外側に向けて回す。5～10回。
❹耳の付け根の後ろから、耳の骨に沿って上から下へ3回なでる。
❺鎖骨の上下を内側から外側に向けて3回さする。
❻脇の下を中指と親指でつかむようにぎゅーっと押す。10秒×3回。

Lesson 79

毛穴の3大悩み、効果的なケアはある？

「毛穴目立ち」とひとことで言っても、原因はバラバラです。まずは自分がどのタイプかを見極めるところからスタートしましょう。原因が複数ある場合もありますよ。

詰まり毛穴　皮脂や汚れ、古い角質などが詰まっている状態。目立ちやすいうえ、ニキビなどのトラブルにつながることも。ゴマージュなどで詰まりをかき出して取り除く方法や、酵素やクレイなどで取り除く方法もあります。

たるみ毛穴　エイジングサインの1つ。毛穴周りの皮膚がゆるみ始め、しずく形になって目立ちます。しわやたるみのケアと同時に、肌のハリを強化するアイテムを投入してみてください。

開き毛穴　パックリ大きく開いた毛穴は、目立ちやすく困りもの。皮脂が出やすくニキビができやすい人に多いです。まずはしっかり保湿して皮脂過多を改善して、皮脂対策のアイテムも取り入れましょう。食生活では、油っこいものや甘いものを控えるよう心掛けてください。

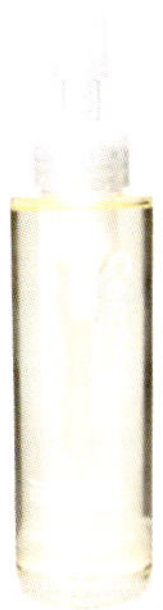

マカデミアナッツオイルが主成分。肌をやわらかく整え、角栓ケアにもおすすめ。セラヴェール プラチナム クレンジングオイル ￥3800／CeraLabo

エイジングケアの定番、ビタミンCとコラーゲン成分でたるみ知らずの肌を目指す。ドクターシーラボ VC100エッセンスローションEX 150mℓ ￥5170／ドクターシーラボ

洗顔後すぐ使って皮脂をコントロールする美容液。毛穴目立ちを多角的に防ぎます。ドクターケイ コントロールエッセンス ￥8250／ドクターケイ

美肌見えするベースメイク

きちんと感があってナチュラル、マスクをしても崩れにくい肌に仕上げたい

Lesson 80

ファンデーション選びは色と仕上がりの好みで考えよう

ファンデーションの色は、奥歯をグッと噛むと出てくるエラの部分に合わせれば、首にも顔にも馴染む色を選べます。暗めの色にすると引き締まった印象に。その日のコーデやなりたい印象に合わせた仕上がりの好みで選ぶのも◎。

リキッド　油分、水分がバランスよく配合され、みずみずしくナチュラルな仕上がり。基本的にテクニックいらずなので、1つ持っておくと◎。

パウダー　比較的マットな仕上がりで、毛穴カバーにおすすめ。毛穴にくるくると入れ込めば目立ちにくくなります。皮脂をよく吸着してくれるため、テカりやすい人にもおすすめです。

クリーム　油分たっぷりなので、保湿力に長けています。乾燥しやすい人や、肌の色ムラをしっかりカバーしたいという人にはおすすめです。厚み感が出やすいので薄くのばして使うようにしましょう。皮脂が出やすい人は、テカりを感じやすい場合もあります。

リキッドタイプを使いやすくしたクッションファンデ。NARS ナチュラルラディアントロングウェア クッションファンデーション ¥6600（セット価格）／NARS JAPAN

ムラなく均一に仕上がり、使いやすいパウダリー。クリーミーな感触でツヤ肌に仕上がります。SUQQU グロウ パウダー ファンデーション ¥7700（セット価格）／SUQQU

シミ、くすみなどの肌悩みを自然にカバー。潤いたっぷりのリッチなテクスチャーでシルクスキンに。センサイ CP クリーム ファンデーション ¥9900／カネボウ化粧品

Lesson 81

ツヤ？ セミマット？ マット？ 質感の選び方教えます

ここではベースメイクの質感をおさらいします。

ツヤ リキッドやクリームで作りやすい質感です。スプリングタイプ、ウィンタータイプ、こども顔、春夏のカジュアルな服装に似合います。

マット サマータイプ、オータムタイプ、大人顔、キリッとスーツを着るフォーマルな日や秋冬の厚みのある服装に似合います。

セミマット タイプを選ばない、オールマイティな質感です。ワンピースやスカートなどの上品なものにも似合います。

TPOを重視する日は服装に合うものを選び、好きなファッションで過ごせる日は自分のタイプに似合う色やこども顔・大人顔といった自分の雰囲気に合うものを選ぶのもよいですね。

Lesson 82

お面みたいになってしまう白浮きは、色選びと重ねすぎが原因かも

ベースメイクが白浮きしやすかったり、厚化粧に見えがちな人は、下地の色が原因かもしれません。下地を透明なものに替えるだけで白浮きを解消できることもあります。

意外とよくあるのが、コントロールカラーをのせすぎていることです。コントロールカラーはカバーしたい部分だけに薄く馴染ませるようにしてみてください。色によっても白浮きしやすいものがあります。例えばグリーンやラベンダーは肌色を補整しながらトーンを上げるカラーなので白浮きしてしまうことも。

また、コントロールカラーに限らず、下地＋ファンデーション＋コンシーラー＋フェイスパウダーと塗り重ねていくと、１つ１つは肌の色に合わせて選んでいるはずが、重なって白浮きにつながることも。優秀な下地やファンデーションに頼り、コンシーラーをやめたり、フェイスパウダーを透明のルーセントタイプにしたりするのも選択肢の１つですね。

Lesson 83

あっ多くのせすぎた！ というときのリカバリー方法はある？

「しまった、ファンデーションをのせすぎた！」という失敗ってありますよね。顔と首の色が違って見える程度なら、何もつけていない厚みのあるパフを、顔と首の境目でパタパタしてみてください。パフに色が吸収されて自然と色が馴染み、リカバリーできますよ。

チークやアイシャドウの場合も、同じく厚いパフで軽く押さえれば、色を吸収してくれます。上からファンデなどをのせて隠すと、厚塗りになってしまうので△。こすって取るのも、せっかくきれいに仕上げたベースメイクが崩れてしまうので避けましょう。

また、アイメイクやチークを濃くのせすぎてしまったらリップをシアーなものにするのがおすすめ。ほどよい抜け感が出て、アイメイクやチークの濃さが悪目立ちしなくなります。

Lesson 84

崩れるのを前提にメイクすればお直しがとっても簡単に

メイクを1日崩さないのは、基本的に難しいです。そこで、ファンデーションをごく薄い仕上がりにしておけば、汚く崩れないのでお直しも簡単です。

夜に予定があるとしたら、朝は下地＋ファンデーションを薄く塗るくらいのナチュラルメイクにしておき、お直しで重ねていき夜にメイクが仕上がる、というのも崩れにくい方法です。朝は下地だけを塗って、アイメイクとリップメイクをして出かけ、日中のお直しでコンシーラーやファンデーションを足します。夜の予定の前に通常のメイク直しをすれば、長い時間のせているものがないので汚く崩れることもなく、きれいなメイクが続きます。

ちなみに、マスクでメイクが崩れてしまうからと、いっそのことすっぴんで行動しようかなと思う人もいるかもしれません。ベースメイクなしの肌はマスクとこすれて肌荒れにつながることもあります。スキンケアを行い日焼け止めや下地などを塗って肌をガードしてからマスクをしてください。

Lesson 85

フェイスパウダーは部位ごとに強弱をつけましょう

ベースメイクを肌に密着させて、長もちさせるのがフェイスパウダーの役割。皮脂を吸着してくれるので、皮脂崩れも防げますね。顔の中でも皮脂が出やすいTゾーンは最初にしっかりとのせて、皮脂崩れやテカリを防ぎましょう。ただし、皮脂を吸着する力があるということは、たくさんつけすぎると乾燥するということです。特に皮脂が少ない頬は過度にのせるとカサカサに。パウダーをパフやブラシに取ったら、まず皮脂が多くヨレやすい部位にのせます。Tゾーン・目の下・まぶた・鼻周り、といった部位です。その後、パフやブラシに残ったものを頬にのせれば十分です。

色みは、化粧下地とリキッドファンデでしっかり肌の土台を作っているならば、色が付かないルーセントタイプがおすすめです。すでに色が顔にのっているため、フェイスパウダーも色付きだと厚塗りに見えやすいからです。色付きのフェイスパウダーは、メイク直しでベースメイクがはげかけたところにのせて色を足したいときに使ってください。日焼け止めだけを使ったオフの日などは、色付きパウダーで仕上げるといいですね。

Lesson 86

ベースメイクのお直しは5分と10分の2パターンを使い分け

いつでも余裕をもってメイク直しできるとは限らないですよね。忙しいときは5分で、しっかり直したいときは10分で。メイク直しのバリエーションを覚えておくと便利ですよ。

綿棒がお役立ち！

5分メイク直し

1 ティッシュで顔全体を覆って軽く押さえ、浮いた脂を取ります。
あぶらとり紙だと取りすぎてしまうので、ティッシュがおすすめ。

2 目元や小鼻横などのファンデーションがヨレているところを綿棒で取り除き、軽く馴染ませておきます。

3 フェイスパウダーをTゾーンからのせて完成。

綿棒・肉厚スポンジ・乳液を常備！

10分メイク直し

1 肉厚のスポンジでテカリが気になる部分を押さえて皮脂を取り、ファンデーションのヨレを馴染ませます。

2 メイク崩れが気になるところを、三角形に折ったティッシュで軽くぽんぽんと押さえて表面をならします。

3 アイシャドウやアイライナー、マスカラなどがにじんでいるところを、乳液をつけた綿棒で取り除きます。

4 綿棒で拭ったところにファンデーションをのせて整え、全体にフェイスパウダーをのせれば終了です。

Lesson 87

あやんぬおすすめ スキンケア10

肌は365日移り変わり、日によって必要なスキンケアは変わりますよね。私の場合、美容部員をしていたときにスキンケアの大切さを実感。毎日しっかりメイクをしていたために肌が疲れていることも多く、そのとき必要なケアは何かを考えるようになりました。でも、何でもプラスして数多く使えばいいわけではないんです。しっかりメイクを落として保湿をして、すべてのスキンケアは適量を使うという、基本を守るのもすごく大切ですよ！

1 B.A ローション

とろりと濃厚なローションがこっくり肌を潤して、ぷるぷるの弾力を実感できます。今からエイジングケアの定番にしたい一品。￥22000／ポーラ

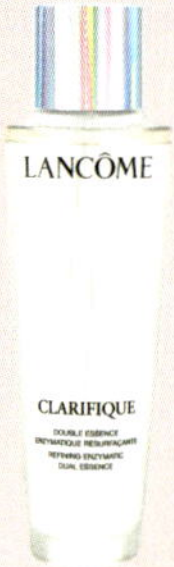

2 LANCÔME クラリフィック デュアル エッセンス ローション

酵素に着目した、２層になったエッセンス。くすみ、毛穴が気になるときに頼れます。フレッシュな優しい香りも魅力。150mℓ ￥12100／ランコム

3 ITRIM エレメンタリー フェイシャルゴマージュ

ジュレをベースに、果肉や葉肉などの天然植物スクラブを配合。優しい肌あたりで汚れや古い角質を落とし、透明感のある肌へ。￥13200／ITRIM

4 獺祭フェイシャルマスク

純米大吟醸酒の獺祭から生まれたコスメ。日本酒に含まれる天然のアミノ酸が、肌に潤いを与えます。５枚入り ￥2750／DASSAI BEAUTY

8 モイスチュア リポソーム

多重層リポソームを採用した保湿美容液。洗顔後にすぐ使って、潤いが長く続くふっくらした肌に整えます。60ml ￥14850／コスメデコルテ

9 meeth ＆スキンオイル

肌にボディにヘア、ネイルにも使えるマルチなオイル。角層をしっかり潤わせてバリア機能を上げ、外部刺激に負けない肌に。￥6270／meeth

10 青山ヒフ科クリニック セラビオエッセンス（外用剤）

大豆などに由来する成分、セラビオが健やかな肌に。クリニックで処方される外用剤です。￥13200／青山ヒフ科クリニック

5 ドクター津田コスメラボ スキンバリアクリーム

皮膚の成分がスカスカになって肌がやせてしまうのを防ぐクリーム。たっぷりの潤いで肌の力を底上げ。65g ￥9680／ドクター津田コスメラボ

6 センサイ エッセンスデイヴェール

SPF30・PA+++で肌を守る、日中用UV美容液。肌にツヤを与え、潤いのベールで満たしてくれます。￥16500／カネボウ化粧品

7 あやんぬ オリジナル「コスメスパチュラ」3点セット 台座付き

あやんぬ監修のスパチュラセットです！　衛生的なステンレス製で、いろいろなテクスチャーに対応する３本セット。￥3850／カドカワストア

よくあるお悩みに
まとめてお答えします！

Q & A

Lesson 88

Q 評判のいいリキッドファンデーションを買ったのにムラになるんです……

A　もし指で塗っているなら、どの指を使っていますか？　過度な圧は肌に赤みが出る原因になったり、ヨレてムラになってしまうことも。リキッドファンデーションを指塗りするには、強い圧がかかりにくい中指と薬指で。塗る順番は頬→額→鼻→口元→目元です。口元や目元はよく動きヨレやすいため、特にふんわり優しいタッチで薄付きを意識してくださいね。

Lesson 89

Q 白目の重要性ときれいに見せるためのコツは？

A　白目の充血や濁り、黄ばみをクリアに見せるコツはネイビーのマスカラやアイライナーを使うことです。青系が目元にあると、白さが際立ちます。

青系が苦手な、スプリングタイプとオータムタイプは、目尻だけに仕込むか、ぼかして使うとよいですね。もしくは目の下の目頭部分にベージュやホワイト系のアイライナーを使うことでレフ板のような効果を発揮してくれます。

Lesson 90

Q 毛穴を隠す下地が知りたい！

A　ファンデーションが毛穴落ちしたり、パール入りのハイライターで凹凸が悪目立ちしてしまったり。大人のたるみ毛穴は、光で飛ばすアイテムではなく、毛穴を埋めてつるんと整えるアイテムが必須だと思います。ワントーン明るく仕上がるものを使ってみて。

クレ・ド・ポー ボーテ ヴォワールコレクチュール n ￥7150／クレ・ド・ポー ボーテ

Lesson 91

Q マスクコーデを楽しみたいんですが、気を付けないといけないことはありますか？

A　明るい色のマスクは明るく柔和な印象になります。しかし、目元のメイクを淡い色でまとめてしまうと、平面的なのっぺりとした顔に。アイシャドウを淡い色でまとめたら、マスカラはしっかり塗ってみて。

逆に濃い色だと、力強く大人っぽい印象になりますが、マスクの色が顔に影響して影が入り、顔色がくすんで見えがち。目の下の三角ゾーンや額にハイライトをプラスして、光を取り入れて解決してください。

Lesson 92

Q マスク生活で肌荒れする原因って何？

A　一番の原因は「摩擦」です。たった１枚の布切れと思うかもしれませんが、顔に何かがくっついている状態は今までの生活からすると異常な状態。解決策としては、肌に優しいとうたっているマスクを使うこと。そして、物理的な摩擦刺激や紫外線から肌を守るためにベースメイクは欠かさないことです。意外な盲点は、薄付きメイクをしている分、落とすケアを手抜きにしがちなこと。与えるケアと落とすケアは両輪です。どちらも大切にしてくださいね。

マスクでニキビが悪化することもあると思います。マスクの蒸れで、赤く痛々しいニキビができてしまうことも。汗をかいて蒸れたなと思ったら、ティッシュで軽く押さえるようにふきとりましょう。

Lesson 93

Q ニキビが増えちゃいました……。お手入れは何がおすすめでしょうか？

A　マスクをする場面が増えて、精神的にも物理的にもストレスがかかっていると思います。さらにホルモンバランスや季節の変わりめなどの関係で、お肌の調子を維持するのはとっても難しいと思うんです。

特に最近はマスクに触れやすいあご周りやフェイスラインが気になるという人も多いのではないでしょうか？　保湿とビタミンCなどの与えるケアを心がけてください。ビタミンC配合の化粧品に刺激を感じる人もいるようなので、パッチテストから行いましょうね。個人的には、ビタミンC配合のものは化粧水よりもクリームの方が、使いやすいように思います。

Lesson 94

Q 美容医療に興味があります。初めて行くときのポイントは？

A　守りのケアが日々のスキンケアの基本。どうしてもセルフケアで解決できない悩みは、攻めのケアである美容医療に頼るのも手だと思います。悩みが改善されると、気持ちもグッと上向きますね。

まずは訪れる目的を明確にしてください。どういうところを改善したいのかをしっかり決め、ホームページなどで①予算②痛み③ダウンタイム④即効性⑤回数⑥リスクをチェック。

カウンセリングをしっかり行っているところも多くありますので、ホームページや口コミでピンときたところの扉を叩いてみて。悩みを箇条書きにして持っていくと◎。その際に予算や回数など気になることもしっかり聞いて、自分が納得するまで質問しましょう。

Lesson 95

Q 流行りのカラーパレットを使ってみたい！ でも全色使いこなせないかも

A

何色も入っているカラーパレット。見ているとウキウキしますし、使ってみたいですよね。一番簡単な方法はトーンを合わせてあげること。明るい色が得意な人はライトトーンで、濃い色が得意な人はディープトーンでまとめると失敗しにくいですよ。

カラーパレットは、必ずしも自分にとって似合う色ばかりが入っているわけではありません。自分でバランスを考えて色を選ぶ必要があります。購入する際は、使いやすそうなグラデーションを作れる配色パターンが２組くらい入っているものがおすすめ。すると残った色をアクセントの締め色に使うことなどができ、購入したパレットの色をまんべんなく使うことができますよ。

Lesson 96

Q あやんぬさんの言う「なりたいテーマ」って、どう決めればいいかピンとこないんです

A

メイクも洋服も今日のなりたい自分を決めると、さらに楽しんで選ぶことができます。しかし、自分の心が求めるものが明確ではないと、“こうしたい”がぼんやりしていて、結局それなりの無難なメイクになってしまっているという人もいるのではないでしょうか。

雑誌や、Instagramに代表されるSNSなどでは、情報がたくさん発信されています。ぱらぱらと見て、ちょっとでもこれいいなと思ったものをまずはストックしてください。そして、その素敵だなと思ったものを全部ではなくていいので、１つでも取り入れてみて。１つ、２つ、と好きなものを増やしていく中で、自分の“好きアンテナ”が研ぎ澄まされていくので、段々自分の軸を知ることができますよ！

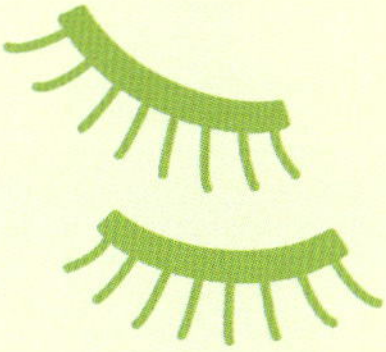

Lesson 97

Q 外に出てから化粧の違和感に気付きます

A　メイクをしているときの環境って意識していますか？いつも自分がメイクをしているところの光の色を見てください。理想は太陽光が入る明るい場所。洗面所や部屋などはオレンジっぽかったり、ダウンライトで少し暗かったりしませんか。

おすすめは日焼け止めまでは洗面所でやって、下地からは日の光があたるところでやること。日の光があたりやすい場所がないなら、最近はライト付きの鏡が売っているので購入を検討してみて。明るい場所での仕上がりチェックは必須！　日中の生活の光に合わせて、顔を完成させることで、“なんとなくイメージと違う”を解決できますよ。

Lesson 98

Q 目の下のクマが目立つんです。ケアとメイクテクニックを教えてください

A　クマの主な種類は３つです。

・茶クマ：メラニンの色素沈着が原因。摩擦やかぶれが原因で、美白と保湿が重要です。ベージュ～オレンジ系のコンシーラーを使いましょう。

・青クマ：冷えやすい人など、血行不良が原因です。血行促進がポイントなので、お風呂にしっかり浸かるなど体を温めて。ベージュ～オレンジのコンシーラーが◎。

・黒クマ：たるみやくぼみによる影が原因。ハリを与えるケアと保湿が大事です。肌の色に近いコンシーラーではカバーしにくいので、影をふっくらと見せるために膨張色であるピンク系の下地やコンシーラーが◎。

Lesson 99

Q　ここしっかり気を付けて！ という、メイクのうっかりってありますか？

A　横顔をチェックしていない人が多いなと感じます！　多くの人が、メイクの仕上がりを確認する際は、正面だけを見ていると思うんです。でも、実は人って正面より横顔の方が見られている時間が長いんです。メイクが完成したら、鏡を横に向けたり下に向けたりしてあらゆる角度からチェックしてください。すると塗り忘れなど、足りない部分が見えてきます。正面だと陰になって見えていなかった鼻筋から眉頭のラインやチークのグラデーションの欠け。まつ毛の上がり具合のばらつき。顔と首の境目などは要チェックです。このひと手間がとても大切だなと思いますね。

Lesson 100

Q　ブラシやパフなどは、品質のいいものを買った方がいいんでしょうか？

A　メイクの仕上がりを左右するのがツールだと断言します。どれを使っても同じでしょとか、高いなぁとか思ってなかなか買うきっかけがない人も多くいらっしゃるかと思います。しかし、いいツールはとても長もちしますし、メイクの仕上がりがぐんとよくなりますよ。今、手持ちのコスメを最大限に生かすためにもそろえておくことをおすすめします。

最初はまずブラシをぜひ購入検討してみてください。肌あたりがいいものは粉含みもよいので、触ってみて購入してください。動物毛は自然な油分を含むものが多く、ほんのりとツヤめく仕上がりに。人工毛はお手入れのしやすさが◎です。

おわりに

この本を手に取って、最後まで読んでくださりありがとうございました。

私が美容業界に入ってから、ずっと抱いていた想いがあります。それは、ひとりひとりの「似合う」のその先をご提案したいということ。似合う色を知って、自分のなりたいイメージを想像しながらメイクをすると新しい自分に出会えます。

そして、新しい自分に出会ったとき、とてもうれしくなって、気分が高揚しませんか。この胸の奥から湧き出てくる「高揚感」こそ、きれいになるための原動力だと思います。この「高揚感」をぜひ感じてほしい——。そんな想いをこの本にぎゅっと詰め込みました。

私にパーソナルカラーの魅力を教えてくださったラピスアカデミーの花岡先生、ｎａｏ先生、ゆみ先生には本当に感謝の気持ちでいっぱいです。

そして、いつもブログを読んでくださっているみなさま、支えてくださっているみなさまのおかげで、私にとって2冊目となるこの本を出版することができました。本当にありがとうございます。

〝きれい〟は100人100通りです。その人にしか出せない雰囲気や魅力が必ず存在します。自分の魅力は生かし、苦手なものは工夫して取り入れる。好きなものや、ときめいたものを〝自分の特徴〟を理由に諦めないでください。

あなたの唯一無二の魅力を引き出すお手伝いがこの本でできたならとてもうれしいです。

2021年5月

あやんぬ

Thanks, Virtual Cosme Counter

Rika　ayaka26　yuki_t2　nozomi_8121　Eri.　s.kana.118　かんろ
hikaru__cosme　peach　honami　ayami　mame0.723　あっきー
はる　おひむ　mahalo_tiny　Jasmine　あんず　みさと　Amica
つっぴ　ゆりこ　ゆい子　Yoshimi　ナツ　kyo kugishima　Kaori
ゆゆんぬ　ゆかお　ミノリ　takako　HARUKA　あたん　erikku
おすじさん　ヒカリ　mai　itachi　さおり　ともみ　オーリー
さくら　さおりんご　htm_s　なおんぬ　かよんす　yasuna　ゆか
chinami.k　takapy　Sayuri.　ゆりか　みさ　おま　Akkey　cocon
Lei　みつやさん

Special Thanks!!

ラピスアカデミー花岡ふみよ先生、nao先生
イメージコンサルタントyumi先生
ビーストイック代表鍼灸師鈴木雅之先生
vetica Takao Takagiさん
cosme salon Aiysha 市川愛子さん
Reinette color＆style 岡末来さん
青山ヒフ科クリニック亀山考一郎先生・マキさん
ハッピースパイラルアカデミー岡田実子先生
デンタルクリニックビジュー橋佳苗先生
エーデル　トータルビューティーサロン
SHUTT for makeup
KILAFUL
KADOKAWA 斉藤さん
ナナネール！永田さん・田村さん

ありがとうございました!!

掲載協力会社

RMK Division	0120-988-271
Amplitude	0120-781-811
青山ヒフ科クリニック	☎03-3499-1214
アディクション ビューティ	0120-586-683
ITRIM	0120-151-106
イヴ・サンローラン・ボーテ	0120-526-333
井田ラボラトリーズ	☎0120-44-1184
イプサお客さま窓口	0120-523543
イミュ	0120-371367
UZU BY FLOWFUSHI	0120-963-277
エレガンス コスメティックス お客様相談室	0120-766-995
OSAJI	0120-977-948
カドカワストア	https://store.kadokawa.co.jp/shop/contact/contact.aspx
かならぼ	0120-91-3836
カネボウ化粧品	0120-518-520
クレ・ド・ポー ボーテ お客さま窓口	0120-86-1982
コーセー	0120-526-311
コスメデコルテ	0120-763-325
SUQQU	0120-988-761
THREE	0120-898-003
CeraLabo	☎03-4580-9929
セザンヌ化粧品	0120-55-8515
セルヴォーク	☎03-3261-2892
DASSAI BEAUTY	☎03-6805-1417
ドクターケイ	0120-68-1217
ドクターシーラボ	0120-371-217
ドクター津田コスメラボ	0120-555-233
NARS JAPAN	0120-356-686
ポーラお客さま相談室	0120-117111
ボビイ ブラウン	☎0570-003-770
meeth	☎03-6450-9758
ランコムお客様相談室	0120-483-666
ローラ メルシエ ジャパン	0120-343-432

※掲載した商品の価格はすべて税込みです。商品は2021年5月時点の情報です。
本書刊行時販売が終了している場合があります。

Staff

デザイン　ohmae-d
イラスト　itabamoe（カバー）、pai（本文）
編集協力　永田玲香（ナナネール！）、田村菜津季
DTP　山本秀一・山本深雪（G-clef）
校正　麦秋アートセンター

参考文献
日本パーソナルスタイリング振興協会『基礎からわかるパーソナルスタイリング』学研プラス（2019）
城一夫『日本の色彩百科ー明治・大正・昭和・平成』青幻舎（2019）
城一夫『フランスの配色』PIE International（2011）
城一夫『フランスの伝統色』PIE International（2012）

メイクでもっときれいになれる最新《さいしん》美容《びよう》大全《たいぜん》

似《に》合《あ》わせ力《りょく》を磨《みが》く100のレッスン

2021年5月19日　初版発行

著者　あやんぬ

発行者　青柳 昌行

発行　株式会社KADOKAWA
〒102-8177　東京都千代田区富士見2-13-3
電話　0570-002-301(ナビダイヤル)

印刷所　凸版印刷株式会社

お問い合わせ
https://www.kadokawa.co.jp/（「お問い合わせ」へお進みください）
※内容によっては、お答えできない場合があります。
※サポートは日本国内のみとさせていただきます。
※Japanese text only

定価はカバーに表示してあります。

ISBN 978-4-04-680335-1　C0077

SPRING

SUMMER

こちらのシートはP14のパーソナルカラー診断で使用します

AUTUMN

WINTER

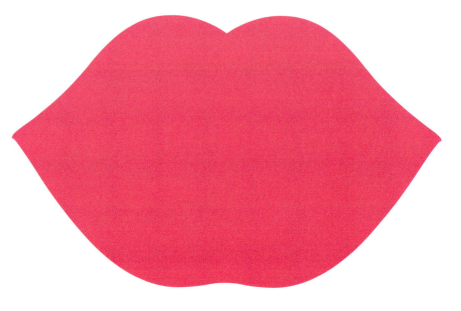

こちらのシートはP14のパーソナルカラー診断で使用します